内部通報制度で
会社を活かす！

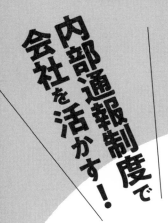

聴取・調査・
事実認定の
手引き

内部通報制度
調査担当者
必携

森原憲司法律事務所 弁護士
森原憲司

経済法令研究会

2020年2月7日、中国湖北省武漢市の眼科医が亡くなった。

　医師は、2019年12月30日に「謎の肺炎」について友人の医師たちにSNSで注意喚起を行ったところ、当局はデマを流したとして新年早々医師を処罰した。その1ヵ月後に医師は新型肺炎で亡くなった。

　医師は「疫病吹哨人」と呼ばれていた。

　「哨」なる文字は見慣れないかもしれないが「哨戒機」といった使われ方から分かる通り「見張り」といった意味で、「吹哨人」とは「whistleblower＝内部告発者」のことである。

　医師の葬儀の日、市中には警笛をくわえて哀悼の笛を吹き鳴らす人が大勢いた。

　後に中国政府は医師の行動に対する初期対応に問題があったことを認め哀悼の意を表した。

　医師の死から5ヵ月あまり経過して、世界中で爆発的に新型コロナウィルスの感染が拡大している。

はじめに

内部通報制度を点検整備することの重要性

　「あなたの会社の内部通報制度はガタがきているかもしれない」

　内部通報制度を導入していても、その後のメンテナンスができていない企業は少なくないようだ。私がサポートする企業や講演先企業に「内部通報制度に関する規定の見直しを行ったことがありますか」と問うと、ほとんどの企業から「行っていない」という回答が返ってくる。

　自動車を例に挙げて説明すると、「あなたの自動車はガタがきていますよ」と指摘されたら、あなたは定期点検の整備記録を示して「その指摘は的外れですよ」と余裕で返せるだろう。

　ところが「あなたの会社の内部通報制度はガタがきていますよ」という指摘に対して、「そんなことはない。当社の内部通報制度は万全だ」と、定期点検の整備記録を示して、自社の内部通報制度がきちんと機能していることを説明できる企業はどれだけあるだろう。

　十数年前に内部通報制度を設置して以来、特段の点検整備を行うことなく今日に至っている企業がほとんどではないだろうか。

　自動車であれば、車検制度があるから、購入後10年以上点検整備を行うことなく乗り続けるなどということはあり得ない。また都度車検を経たとしても、10年も経過すれば、10年前には標準装備されていなかった安全停止装置等が標準装備になっているといったことも容易に予測できる。

　内部通報制度について、スルガ銀行第三者委員「調査会報告書（公表版）」（2018年9月7日）に重要な指摘がある。同報告書は内部通報制度に関し「そもそも会社の企業風土が回復不能なほど悪化しているかどうかのメルクマールが、内部通報制度が生きているかどうかであると思われる。内部通報制度が最後の望みの綱なのであり、それがなくなった会社はもう改善の見込みはない」と指

摘する。「内部通報制度が生きているかどうか」の重要性を厳しく指摘するものである。

　自動車の点検整備を怠れば、人の生命身体に対する危険性が著しく高まるのと同じく、内部通報制度の点検整備を怠れば企業の存亡にもかかわるのに、内部通報制度については、点検整備を怠ることについての危機感があまりに希薄である。

　自動車であれば、10年間点検整備することなく乗り続けることの異常性を誰でも気付くのに、内部通報制度については気付かない。この違いはどこにあるのだろうか。

　一つは、他社において導入済みの内部通報制度を、自社においても「導入した」ことをもって、他社に見劣りしない外形を獲得したことで「やるべきことはやった」と勘違いしている可能性を指摘できる。ただ、勘違いしていたとしても、実際に異音が生じるとか、ブレーキが効かないといった不具合が顕在化すれば、さすがに勘違いには気付くはずである。

　一番見過ごせない状態は、異音が発生したり、ブレーキの効きが悪くなっていることを、現場は気付いているのに、経営陣にそれが届いていないという場面である。

　自動車であれば、詳細な点検整備項目が予め定められているから、異音が放置されることはない。一方で、内部通報制度に関して点検整備項目を予め準備している企業は少ない。

　また、自動車であれば、定期点検の際にディーラーがユーザーに必ず「気になるところはありますか」と一言かけるが、内部通報制度導入後にユーザーである社員に「当社の内部通報制度に気になる点はありますか」と確認することはない。

　内部通報制度については、最低でも次の３点の点検整備項目が必要となる。

ⅰ）内部通報制度の存在は認知されているか
　「何をいまさら。今どき内部通報制度を利用するかしないはともかく存在も知らない社員などいないだろう」と受け止めた方は、スルガ銀行第三者委員会報告書を読めば衝撃を受けるだろう。同銀行では、10％弱の職員が内部通報制

度の存在すら知らなかったのである。この数字は、企業側の「当社の内部通報制度は機能しているはず」といった思い込みに喝を入れる数字だと私は思う。職員が存在を知らないのであれば、機能するしない以前の話ではないか。

ⅱ）内部通報制度は信頼されているか

　スルガ銀行第三者委員会報告書によると、回答した3,595名の行員のうち198名は「（内部通報制度を）利用しようと思ったけど止めた」そうである。実に行員の約5.5％が内部通報制度を利用しようと思ったけど止めたそうである。

　これは、あくまでも一旦は不正に直面した後に内部通報制度を「利用しようと思った」行員の割合である。内部通報を検討するに値する不正に直面したが、最初から内部通報制度など信用できないとして利用しようとは思わなかった行員も存在するはずだ。また、そもそもスルガ銀行の場合、10％弱の行員は内部通報制度の存在を知らなかったのであるから「内部通報制度を利用しようかしまいか」という選択肢に直面しなかった行員もいるはずだ。ゆえに、不正を見聞きした人の総数は198名より多いかもしれない。だが、少なくとも198名は通報を検討する場面に直面したということである。その人数が198名もいるということも私には驚きだが（職員の約18人に一人が通報を検討する場面に直面したことになる。かなりの人数が不正を見聞きしていることになる）、その198名が全員沈黙することを選んだことはさらに大きな驚きである。

　職員が内部通報制度を信頼できない理由は、通報した自分自身が報復を受けることへの懸念と、「通報してもどうせ無駄」という問題解決の実効性に対する疑問の２点だと私は考えている。私は、この問題を内部通報制度の「入口問題」と「出口問題」と整理しているが、内容は本編で詳論する。

ⅲ）内部通報制度は機能しているか

　この点検項目は、「秘密は守ります」とか「不利益取扱いはありません」などとアナウンスして、職員を信頼させて通報を集めるものの、聴取・調査能力や調査した事実を評価して認定する能力が低いため「不正」を解明するに至らず、職員の間で「うちの内部通報って使えないよね。あんな嘘吐きが涼しい顔して昇進してるよ」といったやりとりがなされるような事態を生じさせないた

めの項目である。

　この項目の点検がなされていない企業は少なくない。

　私が、本書の執筆プランをいくつかの企業のコンプライアンス担当者に話したときに、一番関心を持って受け止められたのがⅲ）の調査能力や調査手法に関する項目である。

　担当者の悩みの代表例は次のようなものである。

　「コンプライアンス部門に異動してきたというだけで、何のトレーニングも受けていない自分のようなものが調査を担当してよいのだろうかとずっと疑問に感じていた。」

　「何が適正な調査で何が不適正な調査なのかについて基準がないから自社の調査が十分な調査と言えるのか確証がないまま仕事しているのが現実。」

　「通報対象者が否認したら当社の調査はそこでスタック。真偽不明で調査終了。こんなことでいいのかと忸怩たる想いをずっと抱えていた。」

　いずれも深刻な問題と言えよう。本書は、これらの問題に対する解の提示を試みるものである。

　どんな会社にも病巣は必ずある。大切なことは、その病巣に気付くことと、気付いたら最適な治療を施し健康体に快復させることである。放置すると壊死が始まる。会社は社会の公器であるから、その健全な存続は多くのステークホルダーの人生を左右する。したがって会社をむざむざと死なせてはならない。その最大の責任は経営トップにある。消費者庁のガイドライン「公益通報者保護法を踏まえた内部通報制度の整備・運用に関する民間事業者向けガイドライン（平成28年12月9日）」の「トップの責務」6項目は、次の通りである。

・コンプライアンス経営推進における内部通報制度の意義・重要性
・内部通報制度を活用した適切な通報は、リスクの早期発見や企業価値の向上に資する正当な職務行為であること
・内部規程や公益通報者保護法の要件を満たす適切な通報を行った者に対する不利益な取扱いは決して許されないこと

・通報に関する秘密保持を徹底するべきこと

・利益追求と企業倫理が衝突した場合には企業倫理を優先するべきこと

・上記の事項は企業の発展・存亡をも左右し得ること

　以上の6項目は、適宜本書の中で触れていくこととするが、先のスルガ銀行第三者委員会の調査報告書が私の本書の執筆動機とするならば、ガイドラインのこの6項目は本書執筆の指針である。

　内部通報制度は、企業の発展・存亡をも左右し得る極めて重要な制度である。それだけ重要な制度であるのだから、その制度を支える内部通報制度の設計や調査といった仕事はプロフェショナルとして胸を張れる内容であるべきだ。実際の現場では、多くの調査担当者は調査業務に専従しているわけではないことを私も承知しているが、業務多忙であっても、やはり内部通報制度という仕組みの重要性に鑑み高みを目指していただきたい。

　俳優の本木雅弘氏はNHKのプロフェッショナル・仕事の流儀という番組の最後に「あなたにとってプロフェッショナルとは何ですか」という問いに次のように答えている。

　「プロであることを疑い続けること。」

　内部通報制度という重要なミッションを担うビジネスパーソンにとって実に示唆に富む答えではなかろうか。

本書の構成

（1）内部通報制度の入口問題と出口問題

　不正に直面した通報者の頭をよぎるのは「不利益な取扱いはされないだろうか」「秘密は守られるのだろうか」といった懸念である。これらの点に不安を感じさせてしまう企業において、通報者は通報受付窓口へのアクセスをここで思い止まってしまう。つまり内部通報制度のドアノックをする前に諦めてしまうのである。前述のⅱ）の内部通報制度が信頼されていないという問題である。私は、この問題を内部通報制度のドアの前までたどり着くことができない、あるいは入口までたどり着いてもドアノックを躊躇してしまうという意味で「内部通報制度の入口問題」と称する。

　実は、多くの企業で「通報したことによる不利益取扱いはありません」「通報者の秘密は確実に守られます」といったメッセージはしっかり発信されていることが多い。しっかり発信されているにもかかわらず、先にスルガ銀行第三者委員会の調査報告書との関連で記した通り内部通報制度の利用を検討するに値する事象に直面しながら通報しない社員が相当割合存在することも事実である。とすれば、先のメッセージが発信されても社員には響いていないという企業もそれなりに存在するものと思われる。

　そして、内部通報制度の入口問題をクリアしたとしても、内部通報を受け付けた後の通報者に対する<u>聴取能力</u>が低いと、通報事実の正確なアウトラインにすらたどりつけない。たとえ、通報事実を正確に把握できても、通報者が「上司たるこの人の言動には問題があると思うのですがいかがでしょうか」と指摘した際に「この人（上司）」に対する<u>調査能力</u>（聴取に限らず、電子メール等の物的資料の収集も含まれる）が低ければ、通報事実を評価する基礎資料を十分に収集できないということになる。首尾よく基礎資料を必要十分に集めたとしても、<u>評価能力</u>が低ければ真実にはたどりつくことができない。

　私は、①通報者に対する適正な聴取、②通報者から問題点を指摘された人に

対する適正な調査、③収集した資料についての適正な評価・事実認定、という3項目について、きちんと対応できているかどうかという問題を「内部通報制度の出口問題」と称する（4～6章で説明する）。

「内部通報制度の入口問題」と「内部通報制度の出口問題」は車の両輪である。この2つがきちんと機能しないと内部通報制度は有効に機能しない。実は内部通報制度の入口問題については、消費者庁のガイドラインでも触れられているので、多くの企業で「不利益取扱いはない」「秘密は守られる」といったことはアナウンスされている。アナウンスされているものの社員の心に響いていない可能性があるという問題は残るものの、先の事項を社員に対して約束していない企業は少ない。

ところが内部通報制度の出口問題については、企業全体の課題というより、調査に携わるコンプライアンス部門等の課題であるから、企業全体の課題について指摘する消費者庁のガイドラインでは深掘りされていない。そのためだろうか。出口問題について脆弱な企業は少なくない。

車の両輪である以上、入口問題と出口問題の両方がきちんと機能する必要がある。

そこで、本書においては、内部通報制度の総論（1章）・内部通報制度の入口問題（2章）・内部通報制度の出口問題（3章）について論ずるとともに、聴取・調査、事実認定の実践的手法（4章以降）について説明することとする。

（2）関係当事者の呼称について

本書では、社内の問題について内部通報制度受付窓口に通報を寄せてきた社員を「通報者」と称する。

通報者が、「この発言」もしくは「この行動」は問題ではないかと指摘する事実を「通報事実」と称する。

通報者の通報内容は「支店長からパワハラを受けた」「課長の出張の交通費精算はおかしい」といった、社内の特定の者の言動についての指摘となるから、「通報事実」の主体（問題発言・問題行動の張本人とされる者）を「通報対象者」と称する。

通例、通報対象者の調査を行う前に、通報者の通報してきた通報事実につい

て、その事実の有無の周辺調査として、例えば問題が発生した部署の他の社員に対して事実関係を確認したり、ときには社外の者に対して事実関係を確認することとなる。いわゆる「外堀を固める」作業である。これらの通報者と通報対象者との関係で第三者にあたる者を「調査協力者」と称することとする。

　調査は「通報者」の通報してきた「通報事実」について「調査協力者」らへの調査を行い、最終的に「通報対象者」に「通報事実」の存否を確認するという流れになるのが一般である。

（3）凡例について

　「公益通報者保護法を踏まえた内部通報制度の整備・運用に関する民間事業者向けガイドライン（平成28年12月9日　消費者庁）」は、本書では、「ガイドライン」と表記する。

　消費者庁のホームページ掲載の公益通報者保護制度の「民間事業者向けQ＆A集（2017年2月版）」は、「消費者庁のQ＆A」、同制度の「通報者・相談者向けQ＆A集（2017年8月版）」は、「消費者庁のQ＆A（通報者等）」と本書では表記する。

　厚生労働省「パワーハラスメント対策導入マニュアル　予防から事後対応までサポートガイド　第4版」掲載の参考資料10「相談窓口（一次対応）担当者のためのチェックリスト」は、本書では、「チェックリスト」と表記する。

（4）本書で取り扱う事例について

　私が通報事実について、調査や評価を委任されたケースは、守秘義務が発生するので、これらのケースを本書でそのまま採り上げることはしない。相当程度のアレンジを施してある。

　私が弁護士として、寄せられた通報事実の調査や評価に関与したケースのほかに、私は「調査協力者」として聴取を受けたケースがある。いつも調査する側として内部通報制度にかかわってきた私にとって、貴重な経験であった。このケースにおける私の立場は、あくまである事実を自分自身で経験した一個人であり、弁護士として職務上知り得た秘密（調査協力者に当該事案を委任する企業はそもそもない）を持つ者という立場ではない。ただ、読者の理解に資する

ように適宜アレンジを施したうえで事案を紹介することとする。

（5）私自身の内部通報制度関連に関する経験値について
　私自身の内部通報制度に関する経験は次の通りである。
　内部通報制度の設計にアドバイザーとして関与したケース、内部通報の受付窓口として関与したケース（企業によっては、受付は弁護士が担当するが、調査は企業が自前で行うというケースもある）、社内で通報者、通報協力者、通報対象者の調査を終え、その結果をまとめた資料を私がレヴューして認定について私の意見を述べたケース、内部通報の受付窓口に留まらず調査や評価に至るまでの全過程に関与したケース（このケースが一番多い）、調査の過程で補助者として関与したケース、前任者が調査・評価まで全て完了したケースについて、モニタリング的な検証を行ったケース、私自身が調査協力者として聴取を受けたケース等、様々な経験を積んできた。
　また、私が問題となる様々な事案に接する場面で意外に多いのは、講演後の質問や相談の場面である。調査担当者の失敗談、苦労話を聞くこともあれば、通報した社員から疑問を投げかけられることもある。わざわざ初対面の私に相談するわけだから「そんなことが本当にあるのか」と驚く話や深刻な話もあった。
　本書は、私が内部通報制度の受付窓口を担当するようになってから約20年間に経験したり見聞した様々なケースを通じ、私が多くの課題を前に悩み考えて様々なケースを乗り越えてきた現時点での成果をまとめたものである。

（6）巻末掲載資料について
　本書の巻末には、内部通報制度の理解を深めていただくために、ガイドライン（「公益通報者保護法を踏まえた内部通報制度の整備・運用に関する民間事業者向けガイドライン（平成28年12月9日　消費者庁）」）を資料1として掲載している。さらに、内部通報制度全体のチェックリストとして、資料2として「内部通報制度認証（WCMS認証）『自己適合宣言登録制度』審査項目について」を掲載している。この資料2には私のワンポイントアドバイスを付しているので、是非ご参考にしていただきたい。

さらに、読者の皆さまに本書を活用していただきたく、この資料1と資料2
については、読者特典として、株式会社経済法令研究会のオフィシャルブログ
からダウンロードできるようにしている。

　この資料が皆様の一助になると幸いである。

経済法令研究会オフィシャルブログ

http://khk-blog.jp/?p=2222

 パスワード：naibutsuuhou

←QRコード

| 目　次 |

第 1 章　内部通報制度の意義を再考する

第4章 内部通報制度の実践手法①
聴取・調査

第5章　内部通報制度の実践手法②事実認定

第6章　内部通報制度の実践手法③処分

第 7 章　内部通報制度に係る認証制度

第 8 章　パワーハラスメントについて

第1章

内部通報制度の意義を再考する

1 内部通報制度とは

1 内部通報制度の存在意義

　内部通報制度などなくても不祥事は糺される。

　例えば、パワハラが蔓延する企業では、心身の不調を訴える社員が必ず現れる。心身の不調が進行すれば自殺という選択をする「気の毒」といった言葉ではすまされない社員も現れるかもしれない。遺族は会社を訴えることになるだろう。記者会見を開けば、そこで会社がどれだけ酷いことをやっていたかが明るみに出る。

　続いてメディアのバッシングが始まる。加えて所管する役所から指導や処分が出されるかもしれない。そうなれば、ひとまずパワハラは収束することになる。この一連のプロセスに内部通報制度は全く登場しない。

　ただ、この企業に対する社会の評価は厳しいものとなるだろう。メディアや役所といった外圧がかからなければ問題を解決できない企業、自社の問題を自ら糺す能力（自浄能力）を欠く企業という厳しい評価が下されることになる。社会から厳しい評価がくだされると、それは営業成績にマイナスをもたらし、株価にもネガティブな影響を与えることになる。営業成績がダウンすると、一部支店の廃止やリストラも検討しなければならなくなるかもしれない。

　このように、内部通報制度があろうとなかろうと、不正は最終的に糺されることになるが、外圧による是正は企業価値を大幅に下げるという副作用が生じる。

　もちろん不正を隠蔽し続けることに成功すれば市場から厳しい評価を突き付けられることはない。ただし、不正を隠蔽し続けることに成功するといっても、それは社外にバレないというだけの話で、社内には会社が不正を隠蔽していることを知る社員は必ず存在する。

　その社員が社外のメディアに投書するかもしれない。内部告発（社内から外部機関への通報）である。内部告発はしなくても「こんな会社はもう嫌だ」と転職してしまうかもしれない。

　「隠蔽」などポジティブな成果につながるはずもない。未認可添加物が食品

に混入していたことを隠蔽したダスキン株主代表訴訟の裁判例（大阪高判平成18年6月9日判時1979号115頁）は次のように指摘しているではないか。

「いわゆる経営判断の原則に照らし、善管注意義務違反には当たらないと主張するのである。しかし、それは、本件混入や本件販売継続等の事実が最後まで社会に知られないで済んだ場合の話である。いわば知られないで済む可能性に賭けたともいえる」「『自ら積極的には公表しない』ということは『消極的に隠ぺいする』という方針と言い換えることもできるのである」と。遂には「一審被告らはそのための方策を取締役会で明示的に議論することもなく、『自ら積極的には公表しない』などというあいまいで、成り行き任せの方針を、手続き的にもあいまいなままに黙示的に事実上承認したのである。それは、到底、『経営判断』というに値しないものというしかない」と厳しいダメ出しをされている。

「知られないで済む可能性にかける経営判断」なるものは、端的に言えば「バレないことにかける経営判断」でしかない。そのような経営判断は市場に対する背信でしかない。

不正がゼロの企業など存在しない。その不正を自ら早期に発見し、自ら糺すことが、その不正がもたらす企業へのダメージを極小化する最善手である。これこそが内部通報制度の意義である。不正はいずれ糺される。自ら糺すのか、外圧で糺されたのか、社会はそこを見ている。

さらに言えば、社会からどう評価されるか以前の問題として、自社内に不正が存在することを経営者として許せるのかというより重要な問題がある。社会の評価は所詮外部の評価である。他者がどう思うかではなくて、経営トップの「不正は許さない」という決意、「不正を見逃さないぞ」という気概があるかどうかが経営者として一番重要である。「不正を絶対に許さない」という経営者の強い意思と姿勢、これこそが機能する内部通報制度を社内に定着させることができるかどうかの鍵となる。

2　内部通報制度の整備は顧客と社員が必要とする制度

消費者庁の実態調査によれば、顧客は「（一人の消費者として）他の条件が同じ場合、実効性が高い内部通報制度を整備している事業者の提供する商品・

サービスを購入したいと思うか」という問いに「そう思う」（「どちらかといえばそう思う」を含む）と85.6％が回答している。さらに、社員にとっても「（一人の労働者として）他の条件が同じ場合、実効性が高い内部通報制度を整備している事業者に勤務、転職したいと思うか」という問いに「そう思う」（「どちらかといえばそう思う」を含む）と81.7％が回答している（消費者庁「平成28年度 労働者における公益通報者保護制度に関する意識等のインターネット調査報告書」75〜76頁）。

顧客を含むステークホルダーに対して実効性のある内部通報制度の整備がいかに訴求するかは、この実態調査からも明らかである。

3 内部通報制度は社員と会社を守る制度

私が通報を受け付ける最多の事案はパワーハラスメントであり、かつパワーハラスメントについての法整備もなされたので、8章で別途パワーハラスメントについて論ずるが、内部通報制度が社員を守る制度に留まらず会社を守る制度であることを理解できるアンケートを紹介したい。

中央労働災害防止協会の「パワー・ハラスメントの実態に関する調査研究報告書」によると、パワーハラスメントが職場に与える具体的な損失のアンケート結果は次の通りである。

社員の心の健康を害する	82.8％
職場風土を悪くする	78.9％
本人のみならず、周りの士気が低下する	69.9％
職場の生産性を低下させる	66.5％
十分に能力が発揮できない	59.3％
優秀な人材が流出してしまう	48.3％
企業イメージを悪くする	37.3％

社員の心の健康や能力の発揮といった個々の社員に対する悪影響といった損失のほかに、企業そのものの損失となる事項がかなりあることが分かる。職場風土の悪化、士気の低下、生産性の低下、人財流出、企業イメージのダウン、

いずれも企業がなんとしても回避したい項目がずらりと並んでいる。

　内部通報制度が機能していなければ、これらの回避したい項目とお付き合いしなければならなくなるのである。

　このように内部通報制度は、個々の社員を守るという機能もあるが、会社を守るという重要な機能を有する。会社を健全に成長させることが使命となる経営陣にとって、内部通報制度がきちんと機能するようにするために制度の点検整備を行うことは重要な課題となるのである。

② 改正公益通報者保護法の概要

　令和2年6月8日、改正公益通報者保護法（令和2年法律第51号。以下「改正法」という）が、参院本会議で全会一致で可決、成立した。公布日から2年以内に施行されることになる。機能していない内部通報制度の点検整備の大きなきっかけとなりうる改正である。

　現行法は、事業者の公益通報者保護法違反について刑事罰等は定められていないが、改正法では刑事罰のほか、行政罰や行政処分について定められた。

　また、従業員300人超の企業に対し、内部通報に関する窓口の設置や調査、是正措置などを義務付けた（従業員300人以下の事業者は努力義務）ほか、実効性を欠く場合には、助言・指導、勧告のほか勧告に従わない場合は公表されることとなった。調査担当者には通報者特定につながる情報の守秘義務を課し、義務違反に対する刑事罰（30万円以下の罰金）も導入された。

　通報者の範囲については、既に対応済みの企業もあるが、労働者に加えて退職者（退職後1年以内）と会社役員が追加された。通報対象事実についても多くの企業は現行法より広範に通報を認めているので「犯罪行為の事実」のみならず「過料の理由とされている事実」が追加されたが、これも対応済みとするところが多いものと思われる。興味深いのは、公益通報者保護法違反それ自体が公益通報の対象とされたことである。つまり内部通報についての体制整備に問題があれば、今後は消費者庁に体制整備の懈怠が通報されることも十分にあり得ることになる。

　また消費者庁のような行政機関への通報は、現行法のように「真実相当性」の要件は不要となり、代わりに通報者の氏名等を記載した書面提出によって保護されることとなった。通報者側にて真実相当性を裏付ける証拠の確保は高いハードルゆえ、改正によってハードルが下がったことによって内部告発（外部通報）が増える可能性はある。「はじめに」で説明した通り「外圧による是正は企業価値を下げる」ので、自浄作用を高めるべく内部通報制度を機能させる必要性はより高まることになる。

　公益通報を行ったことをもって事業者は損害賠償請求を提起できないと定められたことも朗報だ。内部通報や内部告発を行った者に対する損害賠償請求は

不利益取扱いともいえるが、法的手続をとったにすぎないのだから嫌がらせではないといった弁解は通らないことになる。

　改正法は、2022年6月までに施行される見通しだが、施行6ヵ月前には指針が公表されることになるので、体制整備の内容も明らかになるが、指針が出るのを待つのではなく（この本の発刊から1年半も先のことだ）、今、できる点検整備をきちんと行うことが重要だ。

3 通報者の想いを理解する（オリンパス事件とトナミ運輸事件）

1 通報者の想いを考える理由

　本書は、内部通報制度を設置して以来、相当期間経過したが、その間、制度の点検整備が十分になされていない可能性に注目して、内部通報制度において点検整備すべき項目と整備の在り方について解説することを主眼とするものである。

　「はじめに」において、自動車の点検整備は行うのに、内部通報制度の点検整備はなぜ行われないのかについて考察したが、点検整備の対象となる自動車というマシンや内部通報制度というシステムよりもっと重要なことがある。

　それは、内部通報制度を利用する「利用者の想い」である。自動車の設計者や整備に従事する人で「ドライバーの想い」など関係ないという人はいるはずがないだろう。内部通報制度も制度の利用者の想いを理解することなく、きちんとした設計や点検整備などできるはずがない。

　内部通報制度において自動車でいうドライバーに相当するのは、制度の利用者となる「通報者」である。自動車の設計や整備に従事する人が「ドライバーの想い」をまずもって大切にするように、まずは「通報者の想い」をきちんと考えてみよう。

2 通報者は「会社を愛している」から通報する

①通報者と会社の想いは同じである

　内部通報制度が全く機能せず、通報者が通報したことによって会社側の酷い苛めにあい（もはや苛めというレベルではなく拷問と評する人すらいる）、司法の場で争われた有名な事案がある（以下「オリンパス事件」という）。通報者である浜田正晴氏が著した「オリンパスの闇と闘い続けて」（光文社、2012年）という著作をもとに説明する。この著作のブックレビュー（アマゾンのカスタマーレビュー）に「濱田さんはオリンパスが大好きだから、社員でいながら会社と戦い続けているのだと思いました」という一文が寄せられていた。

　浜田氏は、控訴審で逆転勝訴したときに「正しい行動をした正直者がばかを見ることがあっていいのか、という思いだった」とも述べており、通報者の想いは簡単に単純化できるものではない。当然「不正は許さない」といった正義感もあっただろう。

　令和元年の暮れに、浜田氏が出演するNHKの「逆転人生」という番組で浜田氏は次のように語っていた。

　「会社に在籍しながらもこうやって裁判で会社と闘い続けたのはどういう気持ちだったのですか」という問いに対する浜田氏の回答を想像してみていただきたい。「酷い苛めを組織ぐるみで行っていた会社に対して一矢報いてやりたかった」などと答えることが想像できる。なにしろ、長期間にわたり人権侵害といってもよいレベルの苛めを受け続けていた人である。このくらいの発言が出てもおかしくない状況である。

　ところが浜田氏の回答は憤怒も怨嗟のかけらもなかった。

　「オリンパスを愛していたからです」と、これが浜田氏の回答である。

　通報を受ける側は、この通報者の想いをしっかりと受け止めなければならない。

　通報者を「モンスター社員」「不満分子」と内心では考えている者は必ずいる。通報者を「モンスター社員」と短絡的に考える社員にとって、通報者は「会社の敵」でしかない。なぜ、オリンパスの社員が、浜田氏に執拗なまでの苛めを敢行したのかといえば、彼らもまた会社を愛していたからである。会社を愛する者にとって、「会社の敵」を排除することは、重要な任務とすら思えたかもしれない。彼らの大きな誤りは、浜田氏を「会社に因縁をつけてきたモンスター社員」と勘違いしてしまった点に求められる。

　この勘違いの原因は、内部通報制度についての無理解から生じている。通報者はwhistleblower（不正を告発する人）であり会社の危機を知らしめる者である。ところが、危機への対応はエネルギーを要するし、表面的には平穏に運営されている会社に波風を立てることになるから、そこだけを捉えれば通報者が「厄介事を持ち込んだ奴」と映ったのであろう。状況は本書冒頭に掲げた武漢市の医師とそっくりである。

　繰り返しになるが、浜田氏も会社を愛しているからこそ勇気を出して声をあげたのである。

これは多くの通報者のベースにある核となる想いである。会社を愛すればこそ「こんなことが罷り通っていいんですか」「目を覚ませ」と多少なりとも危機感を伴う強い言い方になることもあるかもしれない。しかし、そこだけ切り取って「会社に不満がある奴」「余計なことを言って面倒を持ち込む奴」などというレッテルを貼ってはいけない。「彼は厳しい口調で会社の問題点を糾弾しているが、その根底にあるのは、私たちと同じ『この会社が大好きだ』という想いだ」と気付くことが大切である。

②裁判に負けたことで内部通報制度が生きる

　通報を受け付けた会社は、通報者の想いに応えるべく、きちんとした調査や認定を行う必要がある。

　しかし、内部通報制度を信頼して、会社を守りたいという一心で通報した浜田氏を待っていたのは、大好きな会社からのまさかの仕打ちであった。よく愛が冷めなかったなと私など感心するばかりである。愛が冷めた社員は会社と別れる（退社する）ことになる。手痛い仕打ちを受けても愛を冷ますことなく司法の場を通じて「目を覚ましてよ」と訴え続けた浜田氏は身を挺して会社に気付きの機会を贈ったわけである。浜田氏は東京高裁で逆転勝訴して最高裁でもそれは維持された。

　私は「会社は敗訴して本当によかったですね」と言いたい。会社が勝訴していたら、浜田氏への会社の仕打ちは社員の知るところであるから、社員の心には「内部通報制度なんて絶対利用しちゃいけない」という刻印が押されることになっていたであろう。すなわち「内部通報制度の死」である。

　この会社は、その後、別の社員の告発により粉飾決算が発覚して上場廃止の危機にまで追い込まれた。粉飾決算を告発した社員は「浜田さんのやり方を参考にした」と述べている（NHKの番組内での紹介）。浜田氏が内部通報制度を復活させたのである。粉飾決算を隠蔽し続けていたら上場廃止では済まなかったかもしれない。

③オリンパス事件は他人事ではない

　オリンパス事件を他人事と思ってはいけない。内部通報制度を「チクリ」だとか「仲間を売る」とか「厄介事を持ち込む」とか「モンスター社員が使う制

度」と腹の底で思っている経営陣や担当者のもとでは、起き得る事案である。

　そもそも日本には、上場企業だけでも3,000社以上存在するのである。勘違いしている社員がいるのは3,000社のうちの1社だけということなどあろうはずがない。しかし、浜田氏のように司法手続を介してまでして「いい加減目を覚ましてください」と警鐘を鳴らしてくれる社員などそうはいない。社員の多くは、内部通報制度を信頼することなく転職を選択することになる。

　ここで、「はじめに」に記したスルガ銀行第三者委員会の記述を再確認しておこう。

　　「そもそも会社の企業風土が回復不能なほど悪化しているかどうかのメルクマールが、内部通報制度が生きているかどうかであると思われる。内部通報制度が最後の望みの綱なのであり、それがなくなった会社はもう改善の見込みはない。」

「内部通報制度が生きているかどうか」、ここが重要だ。

　上司に内部通報制度の利用を相談したら止められたという某企業の社員を私は知っている。上司は言葉を選んで婉曲に「止めた方が君のためだ」というメッセージを伝えている。この会社の内部通報制度は死んでいる。怖いのは浜田氏のような「会社を愛すればこそ通報している社員」を白眼視する会社の体質だ。現場の社員は恐ろしいほど会社の体質を見抜いている。だから上司は「内部通報制度は利用しない方が君のためだ」と部下にアドバイスする。

　自社の内部通報制度は適切に運用されているのだろうか、上場している立派な会社ですらこのような事件が起きたのだから自社も見直さなければならないと思える会社は生き延びることができるかもしれない。

　ちなみに、私は、上司から婉曲に内部通報制度の利用を控えるように示唆された社員に浜田氏の著作「オリンパスの闇と闘い続けて」を貸した。その社員は「私にはこんなこととてもできません。転職活動を始めます」と添えて私に本を返してきた。この社員は、私の内部通報に関するセミナーの受講者という立場で、私はその会社の内部通報に意見を出せる立場にはなかったので、この件はこれ以上深入りすることはできなかったが、とても残念な事案であった。

3 「会社に攻撃を仕掛ける者」という誤解

①内部通報制度がない時代の通報事例

あなたは次の事例についてどのような「印象」を持つだろうか。

ちなみに、この事例は日本の企業社会に内部通報制度などなかった1974年に会社の不正を告発した某企業の社員（当時20歳代、以下「Aさん」という）が行動を起こした事例である。

Aさんは会社の行っていることは「違法なカルテル」と認識した。そこでAさんは上司と副社長に問題点を指摘したが、問題は一向に改善されなかった。そこでAさんは「社会に訴えるしかない」と考えて、新聞社の支局を訪ね、その結果、新聞に「50社ヤミ協定か」という見出しで記事が掲載された。

会社は社内に「新聞に載った記事は当社には関係がない」と通達を出した。Aさんは会社が隠し通そうとしたことを許せないと考え、ニュース・ソースは自分であることを会社に申告した。しかし会社の姿勢は「カルテルは止むを得ないこと」という姿勢だった。

Aさんは新聞への告発では問題は解決しないと考え、公正取引委員会にも告発を行うとともに、Aさんの業界を監督する省庁、議員秘書、日本消費者連盟に相談に行き、遂に業界各社への公正取引委員会の強制一斉立ち入り検査が行われることになった。

ところがこれらの検査等に対して、会社は社内に「立ち入り検査に関しても当社は関係がなく、一部の悪質な業者の仕業である」といった全く反省のないメッセージを発した。さらに、会社から「業界に対する処分はないだろう」という社内に向けたメッセージが発せられたため、Aさんは「国会での追及が必要」と考え、日本消費者連盟の某氏の紹介で国会議員を紹介してもらい国会議員は国会で厳しくこの問題を追及した。Aさんは、会社からの「君がやったのだろう」という問いに対して自分がやったと正直に伝えた。

国会での追及は効果があり、公正取引委員会の行政指導の結果、業界の会長名でヤミカルテル破棄の公告が新聞に掲載された。しかし、ヤミカルテルに基づく料金収受はその後も継続した。そこでAさんは違法行為の証拠を集め、それを受けて日本消費者連盟は違法な料金収受の実態について記者会見を行い、大々的に新聞報道されるに至った。その後日本消費者連盟は、業界の数社（A

さんの勤務する会社も含まれる）を東京地検に告発した。なおこの告発は最終的に不起訴という形で決着した。

②上記通報事例に対するコンプライアンス担当者の感想

　私は、実際にこのエピソードを複数の顧問先のコンプライアンス担当社員に説明し、率直な意見を聞いてみた。その際、他社の話ではなく、実際に自分の会社の20歳代の社員が上記の行動をとったとしたらどう思うか考えてもらった。

　担当社員らの印象や感想は次の通りである。

「もう少し会社を傷つけないやり方はなかったのか。」
「あちこちに会社の問題をばら撒いている感がある。」
「結局不起訴になったんだから、そこまで大騒ぎする問題だったのか。」
「会社が『当社には関係ない』とメッセージを発すれば、疑わしくても会社を信じたい気持ちは残る。」

　総じて、違法行為たるカルテルは許されるものではなく、この社員の「やったこと」は正しいことではあるが、この社員が新聞社や公正取引委員会、日本消費者連盟等に会社の違法行為を報告した「やり方」に抵抗を感じる人が多かった。

③上記通報事例におけるＡさんの実際の処遇を受けて

　本事例は後にパワーハラスメントによる損害賠償請求訴訟として司法判断がくだされたトナミ運輸事件の実際の流れにそったものであり、告発をしたＡさんは29歳にして研修所に転勤させられ、机が一つ、椅子が一つあるだけの三畳ほどの部屋で30年近く仕事らしい仕事も与えられず、また昇格もなく実質的に隔離といってよい環境下で勤務継続させられた。

　私がこのエピソードの「印象」を聞いた先の社員らは、トナミ運輸事件の事例であることを気付かなかったが、トナミ運輸事件の実際の流れにそった事例であることと先の内部告発を行った社員が前述の通り狭い部屋に隔離され昇格もなしという処遇を受けたことを知ると、「それは酷い。今なら当然問題だが数十年前だからといって許されるものではない」という結論になる。

さらに、この事例がトナミ運輸事件の事例であり、裁判所が最終的に次の通り判断したという結論を知ると、社員の内部告発に対する印象はさらに社員を擁護するものに変わってくる。裁判所の判断の一部を以下に掲げる（富山地判平成17年2月23日労判891号12頁）。

　「原告が内部告発をしたことを理由に、これに対する報復として、原告を旧教育研修所に異動させたうえ、業務上の必要がないのに原告を2階の個室に置いて他の職員との接触を妨げ、それまで営業の一線で働いていた原告を極めて補助的で特に名目もない雑務に従事させ、更に、昭和50年10月から平成4年6月までという長期間にわたって原告を昇格させないという原告に不利益な取扱いをしたこと及び原告に対する退職強要行為をしたことは明らかである。」
　「新教育研修所に移った後には物理的に個室に入れられて他者との接触を妨げられた状態はなくなっていたものの、ほとんど雑務しか仕事を与えられず、昇格が停止されて格差が生じていたことは、旧教育研修所において長期間なされていた処遇と同様のものである。そうすると、新教育研修所に移った後の処遇も、基本的にそれまでと同様に原告の内部告発を嫌悪しこれを理由としてなされたものであると認められる。」

　内部告発への嫌悪感といった不合理な感情で、20年近く昇格もなかったという全体像を振り返って観察すれば、この事件の企業の対応がいかに残酷なものであったかを理解することは容易である。

④通報事例が「進行中」であることを意識する
　ある社員の行動に対する評価は、その事件の全容（当該告発に対して、実際に社内・社外において起きたこと）を知ったうえでの後付けの評価（いわばゴールを通過してからの振り返っての評価）と、事件が進行中の評価（いわばスタートを切って疾走中の評価）は全く異なってくる可能性があるということを意識することが重要である。
　実際に調査担当者が、現に受理した通報を評価するとき、それは「疾走中の評価」であり「ゴールを通過してからの評価」ではないということに十分に注意する必要がある。

　我々が、現在進行形の内部通報事案に触れるとき、例えば上記告発事例において、Ａさんの最初の行動となる、新聞社に告発するところまでしか事態が進行していないときに、あなたは「新聞社に会社の汚名をわざわざ知らせにいって会社に恥をかかせたけしからん社員」と思わないだろうか。愛社精神は、ときに歪んだ形で発露されることもあるということに注意する必要がある。

4　「内部告発アレルギー」はないか

　前述３②の通り、トナミ運輸事件のＡさんが、あちこちの外部機関に問題提起した行為について、私がサポートしている企業のコンプライアンス担当者らは、ファーストインプレッションとしては多かれ少なかれ抵抗感を感じたようである。

　私が「新聞社にタレ込むなどという行為については、やはり『行き過ぎ』と感じてしまうわけですか」と問うと、「社内のしかるべき機関への通報である内部通報はともかく、社外への内部告発は少しね」というリアクションが確実に返ってくる。

　このリアクションに対し、私が「内部告発も公益通報者保護法で保護されていることはご存知ですか」と問うと「外部へのタレコミまで法律で保護されているんですか」という反応が返ってくる。

　「内部告発（社内から外部へ通報すること）なんて、自爆テロみたいなもんだと思っていました」という反応すらあった。

　改めて確認しておくが、公益通報者保護法（平成16年法律第122号）３条３号の要件を充たす内部告発は、公益通報者保護法で保護される告発となる。先の要件は、要するに「こんな会社の自浄作用は期待しようがないだろう」という状況を要件としたものである。自浄作用を期待できない社員が外部に助けを求めることを保護しないで、何を保護するのですかということである。法改正の概要（１章２項）にも記したが、これからは、公益通報者保護法が求める体制整備ができていないことを理由に消費者庁への内部告発（外部通報）も増加するだろう。法改正を機に今一度公益通報者保護法を確認すべきだ。

　実際に多くの内部告発の告発代理人を務めた山口利昭弁護士は「なぜ通報者は内部通報ではなく内部告発へ向かうのか」という表題のもと「企業における

不祥事対応の甘さ」と「内部通報への不適切な対応」を指摘する（「企業の価値を向上させる実効的な内部通報制度」（経済産業調査会、2017年））。内部通報によってせっかく自浄作用を発揮する機会を得たのに、企業がそれを活かすことができないとき、会社を愛する社員は内部告発を行ってでも企業に対し、社会に対して責任ある態度を示してもらいたいと考えるのである。不祥事対応に甘い企業、もしくは内部通報に適切に対応できない企業が、根拠のない内部告発アレルギーによって内部告発した社員を敵視するといったことがあれば、それは重ねての過ちということなる。一度目の過ちは内部通報への不適切対応、二度目の過ちは外部へ告発を行うまでに社員を追い込んだことについての無自覚ということになる。

　内部告発への嫌悪感は、公益通報者保護法の無理解の現れでしかない。内部告発アレルギーに罹患した企業は「外部にタレ込みやがって。とんでもない社員だ」と受け止めることになるが、アレルギーを脱した健全な企業は「内部告発を行うところまで社員を追い込んでしまったのかもしれない。当社の不祥事対応、内部通報対応は本当に適切だっただろうか」と受け止めることになる。

　なお、内部告発者とその家族がどれだけつらいを思いをするのかということについてアメリカの実際の事件をもとにつくられた映画がある。「インサイダー」（監督：マイケル・マン　主演：アル・パチーノ、ラッセル・クロウ）は、産業界に対する内部告発を題材としており、内部告発者とその家族への大企業からのプレッシャーは想像を絶するものである。大企業だからここまで熾烈な嫌がらせをできるのかもしれないが、企業の中で内部通報や内部告発を考えている一社員の立場になって考えればその心配や恐怖は大企業だろうが中小企業だろうがそんなことは関係ない。通報者は「自分は通報後・告発後にどうなってしまうんだろう」という怖さを乗り越えて通報していることに思いを致すべきである。内部通報を受け付けたり、調査・認定を行う担当者のうち、自分自身が内部通報を行った経験を有する者はそうはいないだろう。映画は所詮疑似体験でしかないが、ユーザーである通報者の想いを理解するためにも、調査担当者必見の映画ではないかと私は思う。

5　問われるのは内部通報制度の運用状況

　内部通報制度は企業の存亡にかかわる極めて重要な制度であり（ガイドライン I－2）、内部通報制度に関して経営トップの「明確なメッセージ」の発信が求められる。このときに経営トップの姿勢として重要なことは、「当社には有効な内部通報制度が設置されている。秘密は守られる。不利益取扱いは許さない」といったお定まりのことを発信してもほとんど意味がないということを理解することだ。

　内部通報制度がスタンダードなコンプライアンス上のインフラとして定着した令和の時代に「信頼できる内部通報制度がある」といった程度のメッセージは社員の心に響くことはない。「内部通報制度くらいほとんどの企業で設置しているよ」と冷ややかに受け止められるだけである。問われるのは運用状況だ。経営トップが内部通報制度の運用状況に関心を持っているかどうかがポイントとなる。

　例えば、報道を賑わせた日本郵便の「パワハラ通報が372件あったうち、本格調査は48件、そのうちパワハラ認定したのは2件」といった事案は、経営トップが運用状況について関心を持っていれば、通報件数と通報内容の概要、対応結果について目配りを行い、その結果「これ、どうなってるのかな。372件も通報があったのにパワハラ認定したのは2件だけなの」という気付きにつながった可能性は十分にある。ちなみに「372件の通報に対して2件のパワハラ認定」が認定件数として少なすぎるかどうかについては、私が調査に携わったわけではないからコメントする立場にはないが、重要なのは、「パワハラ通報382件に対してパワハラ認定2件」という一見して際立った数字について検証した結果、問題ないとしたのか、検証すら行っていなかったのかという点である。

6　通報事実を経営陣が知った後の失敗の傷は深い

①内部統制システム構築の必要性

　企業不祥事は、大別すると二つに分かれる。経営陣が認知する前の不祥事と経営陣が認知した後の不祥事である。

経営陣は多くの従業員の動静を隅々まで把握することは困難であるから、内部統制システムを構築しなければならないということは、神戸製鋼株主代表訴訟で指摘されるところである。当該訴訟では「訴訟の早期終結に向けての裁判所の所見」にて「大企業の場合、職務の分担が進んでいるため、他の取締役や従業員全員の動静を正確に把握することは事実上不可能であるから、取締役は、商法上固く禁じられている利益供与のごとき違法行為はもとより大会社における厳格な企業会計規制をないがしろにする裏金捻出行為等が社内で行われないよう内部統制システムを構築すべき法律上の義務がある」との見解を示した（神戸地裁2002年4月5日和解成立）。どれだけ堅牢な内部統制システムを構築したとしても不正をゼロにすることは困難である。ゆえに、経営陣が知らないところで不正が発生してしまうことはどこの会社でも起きうることである。

　社内のどこかで既に発生しているが、経営陣がまだ認知していない不祥事（「不祥事その1」という）をゼロにすることはできない。先の裁判所の所見が指摘するところの「従業員全員の動静を正確に把握することは事実上不可能」であり、不心得者が愚行に走ることを事前に阻止することはできないからである。しかしながら、経営陣が不祥事を認知した後に、その不祥事に適切に対応できないことから生じる不祥事（「不祥事その2」という）をゼロにすることはできる。

②不祥事その1と不祥事その2

　社内のどこかに必ず存在する不心得者を完全にコントロールすることはできないので、不祥事その1の発生を完全にコントロールすることはできない。

　しかし、不祥事その2はコントロールできる。不祥事その1への対応を行うのはコンプライアンス部門や経営陣であり、彼らはリスクコントロールのプロとしての立場にある。ところが、実際には経営陣が不祥事その1を認知したのに、隠蔽してしまい経営陣の対応について善管注意義務が問われたケースもある（前掲ダスキン株主代表訴訟事件）。経営陣のミスジャッジだから、まさに不祥事その2である。

　不祥事その1の主体はコンプライアンスを軽視する不心得者である。不祥事その1の対応を間違えた結果発生する不祥事その2は、コンプライアンスを率先する側のコントロールミスゆえ、カッコ悪いし情けないことである。

③内部通報制度で不祥事を洗い出す

　内部通報は不祥事その1の洗い出しの仕組みである。不祥事その1にどのように対応するかはまさにコンプライアンス部門の腕の見せ所である。もっとも腕の見せ所といっても平素からトレーニングしていない者がいざというときに力を発揮できるわけがない。だからこそ、通報者聴取・対象者調査・事案の評価認定についてきちんとノウハウが必要となりトレーニングが必要となるのである。

　そして、せっかく洗い出したコンプライアンス上の問題について、経営陣はコンプライアンス上のリスクをコントロールするプロとして絶対に誤った対応をしてはならない。そのためには、経営陣が直接、通報事実の調査や認定を行うわけではないから、コンプライアンス部門の担当者に最適な人材を置くとともに、適宜、担当者の仕事ぶりをモニタリングする必要があるのである。

業務における報連相と内部通報

1 内部通報と上司への報連相の関係

　通報事実に直面したとき、通報受付窓口に通報する前に通常の業務ラインである上司への通報（報連相）を先行すべしという考え方もある。社内で問題が発生したときの解決方法としては、それが原理原則であり、部署内で解決した方が適切な事案もあるからという理由である。

　私も、その考え方に疑問を持つことはなかったが、最近、疑問を感じるようになった。それは、「上司に相談したが内部通報を思い留まるよう慰留された」という相談を立て続けに受けたからである。この上司の対応は公益通報者保護法（平成16年法律第122号）「公益通報をしないことを正当な理由がなくて要求された場合」（3条3号ハ）となる可能性があり、この対応自体問題であるが、ことはそれほど単純でない。この上司は、部下の通報を封じ込めて社内に波風が立たないようにしようという思惑で通報を思い留まらせたのではない。通報すると部下が不利益取扱いを受けさんざんな目に遭うことを心から心配して通報を思い留まらせているのである。

　私に相談してきた社員が、私が内部通報受付窓口の担当をしている会社の社員なら、私は私の責任として、このような状況が生じていることを改善すべく会社との連携も含め考えなければいけないが、セミナーで私の講演を聞き「内部通報のことならこの人に相談しよう」と電話をかけてきた社員の勤務する会社に社員の意向を無視して私は働きかけようがない。

　これらの会社の上司はおそらく公益通報者保護法上、自身のアドバイスが問題となる可能性すら知らないと思われる。基本中の基本も知らないのである。果たしてこのような基本中の基本も知らない上司に、内部通報に関する様々なルール、例えば高度の守秘を徹底しなければならないといったことについての十分な理解を期待できるだろうか。

２　上司への報連相を前置とするならトレーニングが必要

　そもそも、内部通報の受付窓口を利用する前に通常の業務ラインの利用を薦めている会社は、部門長らに部下から内部通報相当の相談があったときのために、コンプライアンス部門の部員が受けているのと同等の守秘のルールや情報共有の範囲等についてトレーニングを積んでいるだろうか。そんなことをしている会社はおそらく存在しないだろう。このような会社では、先のように部下に対してよかれと考えて内部通報を思い留まらせたり、部下から相談を受けたら、即座に担当役員に情報を流し、担当役員から人事部に情報が流れるといったことがいくらでも発生するのではないかと私は危惧する。

　上司への報連相を内部通報の前置のような位置付けとするのであれば、全部門の上司に対して、内部通報相当事案について部下から相談を受けた時の対応方法や守秘義務・不利益取扱い禁止といった事項について指導をしておく必要がある。初動対応についても、厚生労働省がNG対応としている事項（4章1項4⑤参照）にある発言をしそうな部門長は確実にいる。

　通報者にとっては、正しいトレーニングを積んだコンプライアンス部員や、内部通報制度に精通した外部受付窓口担当者の方が、内部通報についてにわか仕込みの部門長よりよほど安心ができるだろう。

　少なくとも「内部通報の受付窓口への相談も自分の直属の上司への相談もいずれも選択できますよ」くらいに留めるべきであろう。上司への報連相を先行すべしといったアナウンスは前記の通りのリスクをはらむのでお薦めできない。

　私がサポートしている企業には「平時はともかく、何か不正が発生したときは、上司より内部通報受付窓口の方が遥かに信頼できる。迷わず内部通報受付窓口に相談しよう」と思わせるくらいのプレゼンスと信頼を得る窓口にしましょうとアドバイスしている。

　上司への報連相を第一としている企業は、よかれと思って内部通報を思い留まらせるといった誤った対応をとることで、相談者からみれば親身になってくれる上司（私に言わせれば、リスク管理についての感度が低い上司）によってコンプライアンス違反が葬られていることになっていないか再考すべきである。

第2章

内部通報制度の
点検整備

① 点検整備の二つの側面

「公益通報者保護法が企業を変える—内部通報システムの戦略的構築と専門家の活用」（金融財政事情研究会、2005年）、「内部通報システムをつくろう—10の課題と111の対策」（金融財政事情研究会、2006年）という著作がある。それぞれ私が企業内弁護士時代に机を並べた中原健夫弁護士が結城大輔弁護士とともに著した著作である。まだまだ内部通報制度が普及していない時代に、企業社会に内部通報制度の設計図を提示し、内部通報制度設置の起爆剤となった著作である。

この著作が世に出て15年あまりが経過し、時代は令和となった。

令和の時代に各企業が取り組むべき課題は、「内部通報制度をつくろう」ではなく「内部通報制度を点検整備しよう」と位置付けるべきである。

「点検整備」には二つの側面がある。

一つは、現行の制度・仕組みがアップデートされているかという仕組みの内容の適正にかかわる側面であり、もう一つは現行の制度・仕組みがきちんと活用・運用されているかという側面である。

①コンプライアンスマニュアルの場合

コンプライアンスマニュアルについては「20年前に作成・配布してから必要な改訂を行ってきたか」が前者であり、「社員はコンプライアンスマニュアルをきちんと読んで業務に活かしているか」が後者である。この二つの側面をきちんとチェックする必要がある。マニュアルの内容が令和の時代にマッチしていなければ実効性はない。そして、適宜改訂を行って時代にマッチしていても、そのマニュアルが机の引き出しの奥に押し込められていたり、果ては所在すら覚えていない社員がいるようではやはり役立たずの状態ということになる。

②コンプライアンスホットラインの場合

コンプライアンスホットラインについては、その仕組み自体、通報を受け付けて通報者から聴取を行い、調査協力者や通報対象者に対する必要な調査・事実認定を行い、処分を検討するというシンプルなものである。したがって、コ

ンプライアンスマニュアルのように一定期間経過ごとに内容を見直す必要性は
それほど高くはない。しかし、それでもなお仕組みがきちんと機能しているか
どうかの点検整備は必要だし、社員の利用状況や社員の仕組みに対する信頼を
きちんとチェックする必要はある（企業によっては、内部通報受付窓口の弁護士
（担当者）を一定の年限で変えるとする企業もある）。何よりも調査担当者がプロ
フェッショナルと呼べるに値する仕事をしているかどうかは重要なポイントで
ある。

　また、コンプライアンスホットラインにおいては、通報受付から処分に至る
一連のプロセスがきちんと機能しているかという活用・運用の側面を、さらに
入口と出口の二つに分けて点検整備を行うことをお薦めする。これは前書きで
述べた内部通報制度の入口問題と出口問題である。

　内部通報制度を一つの部屋（内部通報部屋）と仮定して、「内部通報部屋」の
「入口」と「出口」に分けて考える。すなわち、社員が安心して気軽にドア
ノックできる「内部通報部屋」となっているかどうかという「入口」の問題と、
勇気を出して内部通報部屋に入室した社員が「やっぱり通報してよかった」と
晴れやかな顔で部屋を退室できるかという「出口」の問題に分けて考えると分
かりやすいだろう。

　以下、本章では、内部通報制度の点検整備として、入口と出口の問題に分け
て説明していく。

2 内部通報入口問題

1 「内部通報部屋」の認知の問題

内部通報における入口問題の一つ目として、制度が周知されているかが挙げられる。

「内部通報部屋」が設置されていることすら知らない社員がいる。

信頼される「内部通報部屋」でなければならないが、まずは「内部通報部屋」の存在が認知されなければならない。

私は、講演でいろいろな企業を訪問する機会が多いが、内部通報についてのその企業の熱意は社内を歩いているだけで分かる。内部通報制度や通報先のポスターを散見する企業もあれば、一枚も見かけない企業もある。イラスト入りで「おっ、何だろう」と興味を惹かれるポスターもあれば、味気ないポスターもある。イントラネット、社内研修、社内広報誌等々、ポスター以外にも広報する方法や機会はいくらでもある。

広報の内容においても、例えば経営陣がスピーチする際に、スルガ銀行第三者委員会の調査報告書の「**そもそも会社の企業風土が回復不能なほど悪化しているかどうかのメルクマールが、内部通報制度が生きているかどうかであると思われる。内部通報制度が最後の望みの綱なのであり、それがなくなった会社はもう改善の見込みはない**」というメッセージを紹介するとともに自社の内部通報制度を告知するだけでも、社員の心に響くことになるだろう。

さらに社内ポスターにおいては、「グッとくる内部通報制度ポスター公募します！（絶対に盛り込んで欲しい事項は以下の通りです……例えば、受付窓口と連絡先等）」などと告知すれば、センスに自信のある社員が競って応募してくるだろう。オリンピックのエンブレムではないが、複数の出来の良いポスターを公示して人気投票など行って最多を正式採用するなどすれば、そのプロセス自体が内部通報制度の絶大なる広報となる。

ヤル気と工夫次第で、内部通報制度の認知度を高める施策は必ず生み出せるものと思う。

2 「内部通報部屋」への信頼

入口問題の二つ目は、制度への信頼である。

多くの企業の内部通報部屋の入口ドアにぶら下げられている札には、たいてい次の二つの記述がある。

「通報したあなたの秘密は守られます。」
「通報によって不利益な取扱いを受けることはありません。」

これらのドアにぶら下げられた札の記述は、概ねガイドラインに添った記述であり、それ自体正しくかつ必要なものである。

以下、ガイドラインを概観する。

①通報に係る秘密保持の徹底（Ⅲ－1①）
　公益通報をした者のみならず、内部規程等に定める要件を満たす通報者及びその調査協力者も保護の対象に含めること（Ⅲ－2①）
②不利益な取扱いの内容に関する具体例の提示（Ⅲ－2②）
③通報者等が不利益な取扱いを受けたことが判明した場合には、救済・回復の措置を講じる必要があること（Ⅲ－2③）
④通報等を理由として不利益な取扱いをした者、通報等に関する秘密を漏らした者等について、懲戒処分その他適切な措置を講じる必要があること（Ⅲ－2④）
⑤被通報者が通報者等の存在を知り得る場合には、被通報者が通報者等に対して不利益な取扱いをすることがないよう、被通報者に対して注意喚起等の措置を講じること（Ⅲ－2⑤）

秘密保持と不利益取扱い禁止に関しては重要な点検項目が二つある。

一つは、会社は本気で秘密保持と不利益取扱い禁止の二項目を実行する決意があるのかという点。もう一つは、会社の決意が社員に伝わっているのか、信用されているのかという点である。内部通報制度の説明会を開催していない、もしくは開催しても先の2項目について力点を置いた説明がなされていないようであれば「決意」を疑われても仕方がない。

一方、秘密保持と不利益取扱い禁止を会社は謳っているが、多くの社員に

「信用できないな」と思われているのであれば、内部通報部屋のドアはノックされない。どれだけ会社が秘密保持と不利益取扱いを行わないことについて真剣に取り組む意気込みがあったとしても、社員がそれを信用していないのであれば、その意気込みは無きに等しいと言わざるを得ない。そこで、企業の宣言が社員から信用されているかをまずは知る必要がある。

3 信頼度を測定するための工夫（アンケート調査の有効性）

　私が企業の内部通報制度の設計もしくはメンテナンスを依頼されたときに必ず行うのが社員アンケートである。アンケート項目は、以下に掲げる私のベーシックアンケート項目をたたき台にして、必ず各社の独自性を盛り込んでもらうこととしている。アンケート結果については守秘の範疇なので、ここでは詳細は記せないが、実際にアンケートを行えば、その結果に各社担当者らは必ずショックを受けることになる。そして、点検整備を行っていなかったことがどれだけ危なっかしいことであったかという事実に直面することとなる。

1 アンケート項目例

　次に、ベーシックなアンケート項目を示すこととする。

　これは、あくまで最低限の項目であるので、これをもとにして各社にて工夫を凝らしていただきたい。

　ひな形をそのまま使うのではなく、一工夫を加えるということについては多くの企業が不得手とすることだろう。しかし、繰り返しになるが、内部通報制度は、企業の存亡にかかわる制度であるため「最低限指示されたことはきちんとやる」といった姿勢は捨てるべきである。今回提案するアンケート項目は、一弁護士のたたき台に過ぎないと受け止め、自社の体制に応じたアンケート項目を作り上げることで、より良い内部通報制度を創るための本気度をあらわして欲しい。

<＜内部通報制度に関するアンケート（例）＞

1　当社に内部通報制度が設置されていることをあなたは知っていますか。
□知っている　　□知らなかった

1-1　知っていると答えた人は、次のどの制度を知っていますか。
□社内内部通報制度受付窓口
□社外（弁護士・外部専門機関）内部通報制度受付窓口
□ハラスメント相談窓口　　　□よろず相談窓口　　　□部内の報連相

1-2　1-1に各種受付窓口の守備範囲についてのあなたの認識を聞かせてください（参考例としてア～クを例示します。ア～ク以外でも守備範囲となると考えている問題や事例があれば、自由に記入してください）。

　　ア　コンプライアンス上の問題がある事例
　　イ　コンプライアンス上の問題となるかどうか判断が難しい事例
　　ウ　ハラスメントに関する問題事例
　　エ　ハラスメントとなるかどうか判断が難しい事例
　　オ　業務上困っている事例　　　　カ　プライベートで困っている事例
　　キ　ア～カに関する事項で自分以外の人が困っている事例（自由記入欄）

　社内内部通報受付窓口の守備範囲　（　　　　　　　　　　　　　）
　社外内部通報受付窓口の守備範囲　（　　　　　　　　　　　　　）
　ハラスメント相談窓口の守備範囲　（　　　　　　　　　　　　　）
　よろず相談窓口の守秘範囲　　　　（　　　　　　　　　　　　　）
　部内の相談窓口の守備範囲　　　　（　　　　　　　　　　　　　）

2　過去に通報した方がよいかもしれないと感じた事例を見聞きしたことはありますか。　　□　ある　　　　□　ない

3　通報した方がよいかもしれないと感じた事例を見聞きしたときに内部通報しましたか。　□　通報した　　　　□　通報しなかった

3-1　通報した感想を聞かせてください。
　　※想定できる具体例を可能な限り列挙（自由記入欄）

3-2　通報しなかった理由を聞かせてください。
　　※想定できる具体例を可能な限り列挙（自由記入欄）

4　あなたが内部通報を行った時に、あなたが通報を行った事実や、あなたが通報した内容は、あなたの承諾なく社内でどの範囲で共有されると思いますか

（当局への届出を要する不祥事案は除きます。ハラスメント通報を行った場合を想定してください）。

□受付窓口担当者限り　□受付窓口担当者とコンプライアンス部門限り

□受付窓口担当者とコンプライアンス部門と社長限り

5　内部通報は消費者庁ガイドライン上「正当な職務行為」とされていることを知っていますか。　□知っている　□知らなかった

6　内部通報をした者が不利益に取り扱われることは決して許されないことであることを知っていますか。　□知っている　□知らなかった

7　当社において不利益取扱が発生すると思いますか。

□発生しないと思う　□発生しないとは思うが懸念は残る　□発生すると思う

8　内部通報した者の秘密は守られるということを知っていましたか。

□知っている　□知らなかった

9　当社において通報者の秘密は守られると思いますか。

□守られると思う　□守られると思うが懸念は残る　□守られないと思う

10　当社の経営陣、もしくはあなたの上司は、利益と倫理が衝突する場面が生じた時、倫理を優先すると思いますか、利益を優先すると思いますか。

□倫理　　□利益　　□分からない（なぜそのように考えるのか自由記入欄）

11　「内部通報制度がきちんと機能しなくなると当社は存亡の危機に立たされる」という考え方についてあなたはどう考えますか。

□その通りだと思う　　　　□その可能性はあると思う

□その可能性は低いと思う　□その可能性はないと思う

□分からない（なぜそのように考えるのか自由記入欄）

12　内部通報制度に関する率直な「印象」を聞かせてください（複数回答可）。

□密告制度は日本の文化にはなじまない

□社内で相互監視されている感じで気詰まり

□仲間を売ることには抵抗がある（先輩・同僚・部下を刺すことはできない）

□困っている社員の駆け込み寺的な存在

□きちんと機能するのであれば頼りになる制度

□成績をあげている社員の問題を通報しても機能しない制度

□会社が組織ぐるみで不正を行っているときは無力（自由記入欄）　　　　等

①会社のコンプライアンス体制が把握されているか

　まず冒頭の「当社に内部通報制度が設置されていることをあなたは知っていますか」という問いは、愚問に思えるかもしれないが必須である。スルガ銀行では、制度の存在を知らないという社員が１割ほどいたのである。

　「知っている」と回答した人に対しては、内部通報制度の受付窓口を複数設置している企業は、さらに、それぞれの窓口の役割分担を確認してみるとよい。これは企業によって様々であるが、外部受付窓口たる弁護士と内部受付窓口担当者の守備範囲を変えている企業もある。例えば、ハラスメント系の相談は人事部を窓口とするなどである。会社はきめ細かく守備範囲を分けることで利用者の利便性を高めようとしているが、利用者が守備範囲の違いを理解していなければ、その努力はあまり意味のないものになっていることに気付くだろう。

②コンプライアンス違反の可能性がある事例の通報

　アンケート項目１－２のイ「コンプライアンス上の問題となるかどうか判断が難しい事例」をどこにも記入しない社員や、社内内部通報受付窓口にはイを記入するのに、外部内部通報受付窓口には記入しないということもある。これは、おそらく弁護士に通報するときは、コンプライアンス上問題となるかどうか分からないものは通報してはならないと、社員自身が勝手に自己判断して通報を抑制している可能性があるのではないだろうか。

　「コンプライアンス違反があるかもしれない」という可能性レベルの通報であっても、多くの企業では積極的に受け付けていることと思われるが、このような重要な点について会社と社員の認識相違が発生していることがここでは分かる。

③内部通報事例の見聞きについて

　項目２の「過去に通報した方がよいかもしれないと感じた事例を見聞きしたことはありますか」という問いも重要である。この問いは「過去３年以内に」などと期間を区切らない方がよい。10年前に見聞きした不正をずっと抱え込んでいる社員もいる可能性があるからだ。不正という忌むべきものに直面してし

まったら簡単に時間が解決してくれるわけではないし、通報を躊躇し時機を失したことについて自責の念を持っている社員がいてもおかしくない。

④内部通報制度の利用について

　「通報した方がよいかもしれないと感じた事例を見聞きしたときに内部通報しましたか」という問いが次の問い項目3となる。

　この問いに対する回答は「通報した」「通報しなかった」の二択となる。

　「通報した」と回答した人には、通報への対応に問題がなかったかを具体的に問う。通報を受け付けてから調査を開始して認定・評価に至るまでのスピード感、聴取時の聴取者の対応（調査時間が長すぎるなど）、調査の内容、調査の対象（例えば、通報者が調査をリクエストした人物を合理的な説明もなく調査をしなかったなど）、認定への疑問等々、具体的に問うことがポイントとなる。

　「調査担当者らの対応に問題がなかったか」という漠然とした問い方では「問題はなかった」に誘導しているに等しいのでこれは避けるべきである。通報後の調査担当者らの対応の「あるべき論」について通報者は知らないからである。さらに言えば、調査担当者が「あるべき論」を知らないことすらあるのである。いわゆる自己流調査である。

　「通報しなかった」と回答した人には「なぜ通報しなかったのか」を問うことになる。通報しなかった理由として「不利益な扱いを受けるのではないかと思ったから」という回答では、会社は何も対応できない。不利益取扱いの具体例を各社できちんと考えることをガイドラインが謳っているので、具体的に不利益取扱いについて問わなければ意味がない。つまり、どのような不利益を受けることを危惧したのかを自由記入欄とは別に具体的に列挙することが重要である。

　例えば、通報者は自らの不利益のみを懸念するとは限らず、調査協力者に迷惑がかかることを懸念することもある。同僚や家族が聴取対象となることが予想される場合、他人を巻き込むなどといったことについて、他人に迷惑をかけたくないという人は必ずいる。調査協力者に対しても不利益取扱いは禁止されているが（ガイドラインⅢ－2。旧ガイドラインでは、調査協力者への不利益処分に関する定めはなかったが、調査が適正になされなければ通報制度への信頼が損なわれる。そこで通報者「等」に対する不利益取扱いの禁止を明らかにして、調査協

力者をも保護することとした)、調査担当者がその点を認識しておらず、調査協力者を立腹させてしまったという調査も実際にある。調査協力者が調査担当者の詰問調の発問に対して「今日は私が何か悪いことをやったから呼ばれているんですか」と返してしまうほどの酷い発問をする調査担当者もいるのである。そんな対応を取られるくらいなら通報は控えようと考えるのも自然なことである。

　また「以前通報制度を利用した人から『何も変わらなかった』と聞いたことがある」といった理由で通報しなかったという人もいるだろう。調査能力や認定能力が低い会社では、相当数の人が「うちの会社の調査はあてにならない」ということを通報制度を利用しない理由とすることもある。不正を糺したい、問題を解決したいという気持ちが通報動機であるから、問題が解決されない通報制度ならそんな制度は誰も利用しない。

　「通報した感想」と「通報しなかった理由」には考え得るあらゆるものを、しっかり協議して各社の独自色をしっかり入れ込んだ具体例を列挙していただきたい。あなたの会社の内部通報制度のどこが信頼でき、どこが信頼できないかを知る格好の機会だから気合を入れて取り組んでいただきたい箇所である。

⑤内部通報制度の重要性について

　項目11の「『内部通報制度がきちんと機能しなくなると当社は存亡の危機に立たされる』という考え方についてあなたはどう考えますか」という問いによって、内部通報制度の重要性について社員がどのように認識しているかが如実に分かる。仮に「当社は存亡の危機に立たされる」ということについて危機感が希薄な結果となれば、それは経営陣が率先して内部通報制度やコンプライアンスの重要性について発信していないことの証左である。

　本書扉裏に掲げた中国湖北省武漢市のwhistleblower（不正を告発する人）のケースに重ねると、内部通報制度がきちんと機能するかどうかは「企業の存亡の危機」にかかわる問題だということは容易に理解できることである。トナミ運輸事件の項でも触れたが（1章3項）、現在進行形で渦中にいる当事者たる企業には、渦中にいることすら分からず、ましてやwhistleblowなど騒音でしかないのである。騒音ではない。警笛なのである。

⑥内部通報制度に対するネガティブな印象

　アンケートの最後に社員に内部通報制度についての印象を問うと、十数年前からずっと言われ続けている「密告」といったネガティブな印象を持っている社員がことのほか多いことに気付くことになるだろう。

　「仲間を売ることになるので抵抗がある」という項目が多く選ばれることになる。それは人として当然の感情だからだ。よって例えば次のように、研修において制度をきちんと説明することが重要になる。

　「お世話になった先輩、同期入社で切磋琢磨してきた同僚、結婚式も出席した部下がコンプライアンス違反をしたことを知ってしまったあなた。悲しい気持ちになりますよね。残念でなりませんよね。通報すれば、相当厳しい展開になることが予想されるとき、なかったことにするのが人の道としては正しく思えるかもしれないですね。それは、私が皆さんと同じ立場に立たされたとき、同じ気持ちになるから私は皆さんのお気持ちがとてもよく分かります。ところで内部通報制度って誰のための制度なんでしょう。ステークホルダーに対して責任ある経営を貫徹するための制度ですよね。自社の至らぬ点について自社で気付いて自社で糺す自浄作用を果たせる企業であることによって、株主や取引先や皆様従業員、そして大切なお客様が安心してこの会社と取引ができるわけです。この会社のステークホルダーって何人くらいいるんでしょうね。従業員、お客様、株主、取引先……凄まじい数ですよね。とんでもない数の方々に会社は責任を負っているのです。大事な同期入社の親友がとても大切な存在であることは分かります。ただ残念ながらその親友は不正を犯してしまった。その不正を犯してしまった親友一人を守ることと、先に述べたお客様や皆様職員、株主、取引先を守ること、これって比較すること自体おかしくないですか。皆様一人ひとりが不正は許さないという気持ちをしっかり持って、どのような行動選択をすべきかということを考えれば、『仲間を売る』という発想それ自体は人として誰の心にも去来するものですが『ごめんな。通報するよ』という結論になると思うのです。事案にもよりますが、会社は処罰して切り捨てて終わりとは考えていません。たしかに100万円を横領した人には退場してもらうほかないですが、そうでない人には適正な処分を受けた後は、この会社の中で再起して頑張って欲しいと思っているし、その支援まで考えているのがこの会社で

す。内部通報制度について考えるとき、皆様はステークホルダーのことを考えてください。自分が担当しているお客様の顔を思い出してください。私は皆様が正しい選択をなさるものと確信しています。」

　この説明の有効性については読者の評価に委ねるが、私は「仲間を売ることへの抵抗感」について私自身、その気持ちそれ自体は理解できるので、率直に先のように説明することとしている。

⑦通報事実等の社内での共有

　項目４の「あなたが内部通報を行った時に、あなたが通報を行った事実や、あなたが通報した内容は、あなたの承諾なく社内でどの範囲で共有されると思いますか」という通報したことそれ自体や、通報内容について、社内でどの範囲まで共有されるかについて社員が感じていることを問うのも興味深い。金融機関においては不祥事案については当局届出が必要なので、不祥事案についてはトップとの情報の共有が必要となる。一方で、当局届出が必要でないハラスメント事案などは、社長が当然に知ることはない。にもかかわらず、知られることとなると誤解している社員は結構多いことに気付かされることがある。一般の社員にとって、内部通報を行うということには常に不安がつきまとうものだし、それを行ったことと通報内容が通報当日もしくは翌日にはトップの知るところとなるかもしれないということはとてつもないプレッシャーとなることをよく理解すべきである。「通報事案を社長は当然に知ることとなる」といった社員の誤った理解は早急に解く必要がある。

⑧倫理と利益の衝突　〜信頼の見える化

　せっかくの機会だから、「当社の経営陣、もしくはあなたの上司は、利益と倫理が衝突する場面が生じた時、倫理を優先すると思いますか、利益を優先すると思いますか」と、項目10の会社のコンプライアンスについて社員が感じていることなどを確認するのも良いだろう。
　例えば、本書の「はじめに」に掲げたガイドラインのトップの責務６項目の５番目「利益より倫理」という項目について、「当社の経営陣、もしくはあなたの上司は、利益と倫理が衝突する場面が生じた時、倫理を優先すると思いま

すか、利益を優先すると思いますか」という問いに対して、倫理・利益・分からないの三択を用意すると非常に興味深い結論に直面することになるであろう。この質問は、毎年でも数年ごとでも良いので必ずアンケートに組み込み、調査結果の変化をグラフ化して観察すると、時に経営陣が全く気付いていなかった恐ろしい現実に直面させられることになる。

　真面目にコンプライアンス態勢の構築に取り組んでいる企業において、倫理が利益を下回ることはまずないが、倫理と回答する社員が思いの外少ないことに直面することはしばしばあるだろう。

　また「分からない」という回答も必ず相当割合存在する。「分からない」という回答は、本当は「利益」にチェックを付けたいが、匿名アンケートでもどのようなしっぺ返しがあるか分からないと考えている社員が「分からない」と回答してお茶を濁しているケースが相当数あると考えた方がよいと私はアドバイスしている。

　例えばある年度の調査結果が、倫理と回答した者65％、利益と回答した者15％、分からないと回答した者20％とする。翌年度の調査結果で、それぞれ70％、12％、18％、さらにその次の年度の調査結果で、それぞれ75％、10％、15％という調査結果だとする。

　これをグラフ化すると次のようになる。

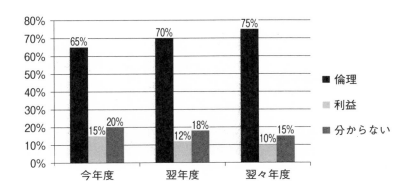

　少しずつではあるが、社内に倫理を含むコンプライアンス意識の醸成が進んでいることが分かる。先に述べた通り経営陣がいくら「コンプライアンスは最重要課題」と声高に叫んでも、社員が経営陣の姿勢を信用していなければ全く

意味がないところ、このような調査結果の推移は、社員の会社に対する信用度のアップも示すことになる。さらにグラフ化による「信頼の見える化」によって経営陣もより一層社内にコンプライアンスを浸透させるべく頑張ろうという気持ちになるだろう。

　一方、先のように徐々にコンプライアンス意識の醸成が進んでいることが見て取れる調査結果と逆のパターンも存在する。「倫理」のパーセンテージが毎年落ち込んでいる企業がそれである。単年の調査結果で例えば「倫理」と回答した社員が70％いたとする。翌年は67％、次の年は63％、その次は60％という結果だとすると、実に僅か３年で「倫理」と回答した社員が10％も減少したということになる。これは由々しき事態であるが、アンケート調査を行っていない会社はこのことに気付かない。

　ちなみに会社に対する信用が上昇傾向となるのか凋落傾向となるのかは、社長の交代やコンプライアンス部門の役員の交代、営業トップを仕切る役員の交代を契機とすることが多い。回答している社員は一人ひとりの社員にすぎないが、アンケート結果として全体の傾向が見えてくると、それは当該企業の醸し出す空気として確実に内部からも外部から見てとれるようになる。良くも悪くも「あの会社は変わった」ということが分かるようになる。会社の内部では「いつからこんな会社になっちゃったんだろう」と社員が囁き始めることになる。それを知らぬは経営陣だけである。

　「信頼の見える化」の重要性を理解いただけたものと思う。

3　事前予測も重要

　社員へのアンケートに先立って、経営陣とコンプライアンス部門の社員が事前にアンケート予測を行っておくことも有意義である。「倫理より利益と思っている社員がこんなに多いのか」という感想が出てくるなら、利益至上主義の経営は行っていなかったつもりなのに現場はそのように受け止めていなかったということになる。想定していたより「倫理重視」という社員が多いという結果になったときに「もっと社員は厳しい見方をしているかと思っていたけれど、意外に当社の方針について理解してくれているんだな」と安心するのも問題である。社員が厳しい見方（利益至上主義）をしているかもしれないことを認識

しながらアンケート結果が出るまで無策だったということである。

　たしかに経営陣の想いと社員の想いが綺麗にシンクロすることは容易なことではないが、経営陣のつける通信簿と社員のつける通信簿の成績があまりに乖離しているということは危険なことだ。経営者が「うちはブラック企業で上等」と開き直っている企業の社員は「うちはブラックです」と言うに決まっている。怖いのは「当社はコンプライアンスができている企業だ。少なくとも真剣に取り組んでいる企業だ」と経営陣が自己採点しているのに、社員の多くが「それは過去の栄光でしょう。今は利益至上主義だ」と採点するケースだ。信用や信頼は変化する。信用・信頼の見える化などを通じて、現時点で社員が会社をどう想っているかをリアルタイムで知ることが重要だ。

4 アンケートによって内部通報入口問題を把握した後の対応

　アンケートによって社員が内部通報の入口で何を心配しているのかを会社が把握したならば、次に社員の心配事を解消しなければ、社員は安心して内部通報制度を利用することはできない。

　そのためには、アンケートの結果を発表するだけでなく、結果を分析したうえで、改善点があれば改善していかなければならないし、改善に向けた会社の対応について社員にきちんと説明する必要がある。

　なお、アンケート結果の発表については留意点がある。会社にとって残酷なアンケート結果だった場合、社内イントラを使って全社員に送信するなどすると、例えば悪感情を持って会社を退職することを考えている社員がどのような使い方をするか分からないという点である。つまびらかにパーセンテージまで公表することが良いかどうかは会社のリスク管理との見合いで慎重に判断すべきことであるが、全体の傾向と今後の対応については社員に説明する必要がある。

　私が発表と今後の対応について説明を依頼されることもあるが、そのような場面では、複数の企業をサポートしている弁護士としての利点を活かせることもできる。

　例えば次のような説明を行うことになる。

　「今回のアンケートを通じて皆様のほとんどの方が内部通報制度の窓口が設置されていることは知っていました。この点はホッと一安心ですが、ご承知の通り、皆様の会社は皆様の様々な気付きに幅広く対応できるように複数の受付窓口を設けているのですが、それぞれの窓口の守備範囲についての説明は十分ではなかったのかなと今回気付かされました。お手元の受付窓口守備範囲の一覧表をご覧ください。これが会社の予定しているそれぞれの窓口の役割分担となっています。次に窓口が設置されていることの認知度と信頼度は別物でありまして、残念ながら、まだまだ信頼いただけていない部分があることを気付く良いきっかけとなりました。ただ、信頼をいただけていない理由については皆様が誤解されている部分もあれば、ご指摘ごもっともという部分もあります。誤解されている点は、○○です。ご指摘ごもっともと受け止めた部分の中で重

要な点は3点あります。1点は…。2点は…。3点は…。これらの点について
は、次のような対応を考えています。最後に会社の姿勢にかかわる点について
も厳しい意見を頂戴しています。私は様々な企業のコンプライアンス面でのお
手伝いをさせていただいていますが、正直なことを申し上げると、他社に比べ
ると意識において十分な高みにあるとは言えないし、皆様の評価もそのような
内容でした。この点について、皆様の声を聞かせていただくと『結局評価軸は
営業成績で決まっている』という声が少なくありませんでした。会社の人事評
価は決してそのようなものとはなっていませんが、運用の場面で皆様が疑問に
感じる運用があった可能性は否定できません。この点については○○といった
改善策を検討しています。正式に実施するときにはきちんとアナウンスします。
その後もアナウンスした改善策と異なる運用があるとすれば、それこそ内部通
報制度を活用いただく場面です。社外の受付窓口は私です。遠慮なく私に通報
してください。匿名でも構いません。」

　仮に利益至上主義と考える社員が倫理を重視すると考えている社員より多
かった場合に、パーセンテージをそのまま出すことの良し悪しは要検討である
が、先のように弁護士は他社と比較した説明を行うことが可能である。コンプ
ライアンス面での社員評価が極めて厳しいという実態は一種のリスク情報であ
るから管理下に置くべき情報であるからリリースの仕方の工夫は知恵の絞りど
ころと考える。
　以上の通り、内部通報入口問題の社員に信頼されているかという課題につい
ては、まずは信頼されているかどうかを把握するところから始めるほかなく、
そこで信頼を欠いている実態やその原因を抽出したならば、信頼を回復するた
めの行動を実践するのみである。

5 内部通報出口問題

　入口の問題をクリアしたあとは、出口の問題となる。具体的には次章以降において説明していくが、ここではまず出口における姿勢について示しておく。

1　出口問題とは何か

　出口問題については、次のような事例を考えてみよう。

　会社が「通報者の秘密は守られます」「通報したことで不利益な扱いは絶対ないです」「コンプライアンス違反が発生していなくても発生の可能性を感じたら迷わず悩まず通報してください」と内部通報部屋のドアに札をぶら下げているのを見て、それを信じた社員が内部通報部屋のドアをノックした。「これで会社は変わるかもしれない」という期待と一抹の不安を感じながら入室した社員は、通報から2ヵ月後失意のどん底で俯いて内部通報部屋をあとにした。

　内部通報部屋の担当者は内部通報部屋を退室しようとした社員の背中に「ごめんなさいね。本人がどうしても認めないんですよ。あなたの言い分と真っ向から対立しちゃってる。本人が認めてないんだからね。会社にできることには限界があるから」と告げた。

　社員は担当者を振り返り、「こんなの詐欺と変わらないじゃないですか」と一言。

　担当者は憤然として「どこが詐欺だって言うんですか。あなたの秘密は守りましたよ。不利益な取扱いだってやってない。あなたは左遷されません。社内苛めだって起きていない。会社はドアにさげている札で謳っていることは全て実践しているじゃないですか」と返した。

　社員は「あなたは全然分かってない」と告げて、内部通報部屋をあとにしたのである。

　あなたは、この担当者の対応の問題点が分かるだろうか。

　内部通報の入口問題への対処は、全てとは言わないが比較的多くの会社で実践されているといってよいだろう。なぜなら「秘密を漏らしてはならない」「不利益な取扱いをしてはならない」は禁止規定だから、やってはいけないこ

とが比較的明確で、「○○してはならない」の「○○」をやらなければ、それでよいのである。内部通報部屋の担当者が憤然と返したのも「禁止事項はやってないだろ」という確信があったからである。

ここで再び、内部通報制度の意義に立ち返ろう（1章1項参照）。

内部通報制度は、社内の問題を自ら発見し、自ら是正するという自浄作用を発揮させる仕組みである。問題を発見しても、問題を是正できなければ、それは生きた内部通報とは言えない。

秘密が守られない内部通報制度など論外である。

通報したことで不利益取扱いを受ける内部通報制度など論外である。

そのような論外のことを行っていないからといって、当社の内部通報制度に問題はないと先の担当者は胸を張って言っているから、それを聞いた社員は「あなたは全然分かっていない」と言ったのである。

内部通報制度は制度が認知されて、制度自体が信頼されるという入口の態勢がきちんと整備されるとともに、きちんと問題解決を実現しようとするという出口の態勢が車の両輪のように整備されて初めて生きた内部通報制度となるのである。

2 「不利益取扱い禁止」の意味

私は「不利益取扱い禁止」という課題は、「通報者が、通報したことを後悔するような事態を生じさせないこと」の総称と捉えてもよいと考えている。

「不利益取扱い」というと「解雇や左遷」が想起されるが、そのような扱いがなされれば、通報者は当然通報したことを後悔することになる。低レベルの調査の結果、通報事実が認定できないということになれば、通報者は「こんなことなら通報しなければよかった」と後悔すること必至である。

ケースによっては調査担当者から通報者に対して「（心身に異常があるのならば）診断書を出してくれ」という注文が入ることもある。大病院だと診断書を申請して即日交付ということにはならない。仕事をしながら病院に診断書の交付申請と受領のために二度通い、安くはない診断書費用を支払ったにもかかわらず、理由にならない理由で通報事実を否定されたら通報者には「いったいこの間の労力と費用は何だったんだ」という気持ちしか残らない。通報者にとっ

ては、通報事実が否定されたことが問題なのではない。調査担当者による調査の内容が滅茶苦茶（不十分で不適切）だったり、通報事実を否定する理由が「世の中の誰がそんな理由で納得するんだ」といった場合に、通報者は後悔するのである。

「世の中の誰がそんな理由で納得するんだ」という理由には、様々なものがあるが、私が一番驚いた理由付けとして「あなた（通報者）は社内で大変人望の厚い人物だから、そのような人物にハラスメント的な言動を行うような社員が当社にいるとは考えられない。よってハラスメントはありません」というものがあった。こんな理由付けでハラスメントはないと報告されたとき、誰が納得できるだろうか。

私はこのような納得感を欠く調査・事実認定は禁止されている「不利益取扱い」に含めてもよいのではないかと考えている。

次章では、実際にこの内部通報制度の出口問題にどのように取組んでいるか、そしてその取組み方の問題点を説明していく。

第3章

内部通報制度の出口問題を把握する

内部通報制度の出口問題の取組み

1 知の巨人、加藤周一氏から学んだ調査においての「心構え」

①平等な聴取

　私が内部通報を受け付けて調査を行う際に、心構えとしていつも肝に銘じていることがある。調査の技術的な側面は瀬木比呂志氏の著作から学ばせていただいたことが多いが、調査を行う際の心構えは加藤周一氏の著作から大切なことを学んだ。

　同氏の文章には、朝日新聞に連載されていた「夕陽妄語」で若い頃から親しんでいたが、氏の代表作である「羊の歌」に私が接したのは遅く、今から10年少し前である。この10年の間にたびたび読み返しているので、多くの頁の端が折り曲げられている。私が最初に折った頁が、まさに内部通報の調査を行う際の私の心構えを形成する内容を記した頁である。

　加藤氏には妹がいて、子供の頃、ご両親は「男女の子供を平等に扱い、けんかは両方の言い分を十分に聞いた後で裁いた」そうである。「家庭は子供の私にとっては、全く自己完結的な閉鎖的な世界であり、そこには充分に納得することのできる善悪の法則があり、悪を冒さなければどんな不幸の襲いかかる心配もなく、しかし悪を冒せば、その罰を免れることのできないところであった。私は、合理的な、したがって理解することのできる小さな世界の中に生きていた。理解することのできないものは、その世界の外にあったのである。」

　このように合理的で理解可能な世界で生きていた加藤氏に不合理が襲いかかることになる。

　「あるとき何の機会にか、宮益坂の祖父の家に親類が集まっていた。私は庭で同じ年ごろのいとこたちと遊び、その一人とけんかをして、相手を殴りつけた。すると、家のなかから、叔父が出てきて自分の息子をかばった。申し開きの余地は、私の側にはなかった。そういうことに慣れていなかった私にとって、それは、小学校にも行かぬ子供に対し、成人の男の圧倒的な力を背景として貫徹された不正としかみえなかった。私はその不正を憎んだ。私はけんかの理由を直ちに忘れてしまったが、その憎悪を十年忘れず、結核で叔父が死ぬまで、

一片の好意も感じなかった。叔父はみずからそれとは知らずに、私の世界の秩序そのものに挑戦していたのである」（「羊の歌」33頁）。

　加藤氏の両親は「言い分を十分に聞いた後で裁いた」のに対し、叔父は「申し開きの余地」を加藤氏に与えなかった。申し開きの余地のない裁きは加藤氏にとって憎悪すべき不正であり、5歳か6歳の子供がその後十年忘れなかったというのである。

　この記述は、内部通報の聴取や調査を当時10年ほど経験してきた私にとって衝撃であった。

　加藤氏の文章から、加藤氏のご両親が「お兄ちゃんなんだからおまえがしっかりすべきだ」とか「妹がどうせ我儘なことを言ったんだろう」といった先入観を排して加藤氏と妹に向き合っていた姿が浮かび上がってくる。両親が子供らにそのように接してきた結果、加藤氏は「十分に納得することのできる善悪の法則」を身に付けることができた。「善悪の法則」を体得した者にとって、申し開きのできない裁きや最初から結論ありきの裁きは「不正」と映るということである。その「不正」は幼少期の子供にとっても決定的な憎悪を生じさせる深刻なものということである。

②先入観を捨てる

　私は通報者や通報対象者の説明（申し開き）を先入観を持つことなく、どれだけ虚心坦懐に受け止めているだろうかということを自戒した。

　例えば加藤氏の叔父は加藤氏の言い分を聞くことすらなかったようだが、仮に加藤氏の言い分を聞いたとしても、それが形だけのものであり、息子をかばうことありきであったらやはり加藤氏はそこに「不正」を感じ取ったであろうし、その種の「不正」に対する凄まじい憎悪の感情を持ったであろう。

　私は、内部通報調査においてその類のことを今までやってこなかっただろうかということを自らに問うたのである。私の聴取能力や調査能力が十分でないがゆえに、真実を語っている通報者や通報対象者の説明（申し開き）をきちんと受け止めることができなかったとき、真実を語る者はある種の「不正」あるいは「不正義」を感じ取ることになるし、不正や不正義が罷り通ってしまったとき、真実を語る者は、死ぬまで忘れない憎悪の感情を持つことになるのである。

私は、加藤氏が「羊の歌」で記したエピソードに出てくる「叔父」にならないように、より一層注意しなければならないことを心に刻むこととなった。当時、既に内部通報調査の任を務めるようになって10年の経験はあったが、「羊の歌」に出会ったことで、通報者にはどのように向き合うべきか、通報対象者にはどのように向き合うべきかを改めて考えるとともに反省するきっかけとなったのである。決して大袈裟な話ではなく、内部通報調査の在り方一つで、人に「死ぬまで忘れない憎悪の感情」を持たせることの罪の重さを調査に携わる者は持つべきだと深く感じ入ることになった。

　調査担当者は、「先入観を持つことなく両方の言い分を十分に聞いて判断する」（言い分を十分に聞かなければ、判断は誤ったものとなる可能性が高まる）ことをしなければ、それは「憎悪の対象となる不正」ともなりうることについてきちんとした心構えを持って、適正な調査を行うべく全力を尽くすことが求められる。

２ 内部通報は刑事事件における捜査機関への告発ではない

①通報者の主観

　繰り返しとなるが、内部通報制度は、社内の問題を早期に発見し、自らの力で是正し、会社の自浄作用を発揮させるリスク管理の仕組みである。

　通報者の主観に「社内に悪い奴がいます。あいつを罰してください」という気持ちが混じることはままあるが、通報者の主観など端的に言えばどうでもいいのである。これが刑事事件であれば、被害感情なり処罰感情が問われることになるが内部通報において処罰感情等は本質的な問題ではない。

　通報されたコンプライアンス違反行為を会社がリスクとして認識し、適切なリスクコントロールを実施した結果、コンプライアンス違反に憤りを感じていた通報者の憤りの感情が緩和もしくは解消されることはあるかもしれないが、それは副次的なことである。会社のリスクを会社がきちんとコントロールできるかどうかが重要だ。

　通報者の処罰感情が強いから厳重に処分するというのもおかしな話で、当該コンプライアンス違反が会社においてどの程度のリスクなのかという観点から処分内容は決まるべきことである。

逆に「通報者は別に処罰して欲しいと思っていないと言っているのですが、この事案を調査する必要あるでしょうか」といった問い合わせも少なくない。実際に通報者が「通報対象者の処罰は行わなくてよい。とにかく私の安全を確保して欲しいということだけが私の希望です（つまり、あのパワハラ上司がいない部署に異動させて欲しい）」と相談してくることは珍しいことではない。この点については後述する（4章3項4参照）。

そもそも通報者の主観など正確には分からない。「私にとって、対象者が憎いとか憎くないということはあまり関係ないことで、あのような人物が管理職を務めていることは会社にとってリスクではないでしょうか」と言えば、公益的色彩が濃厚になってくるが、本音は「こんな奴は許せない」というものかもしれないのだ。先の「私の安全をまず確保して欲しい」という通報者にとっては、真実通報対象者の処罰などどうでもよい話で、危機的な状況からの離脱しか頭にないのである。

通報者の意図がどのようなものであれ、通報の中に「リスクとして管理すべきコンプライアンス違反」があるかどうかが全てである。

また、刑事事件であれば、告発を受けた警察が身柄拘束を相当と判断すれば身柄を拘束して被疑者を徹底的に取り調べることになるが、内部通報でそのような対応は誤りである。

通報対象者の聴取を「被疑者取調」のような意識で行ってはならない。

通報者は「被害者」、通報対象者は「加害者」といった先入観をもった構図は、その時点で事案を見る目を曇らせていることになる。被害者か加害者かといったことは全ての調査を終えてから、じっくり検討すべきことである（4章2項3②参照）。

②不正行為を通報対象者が認めているとき

もちろん例外もある。例えば対象者が不正それ自体（例えば、個人情報の入ったUSBの持ち出し）を認め、既に個人情報の社外持ち出しというリスクが顕在化していることが明らかな場合に、持ち出したUSBがどこにあるのかについて黙秘したり、「捨てた」などと不合理な弁解（盗んだダイヤモンドを捨てたという弁解に等しい）をしているときは被疑者取調的な色彩を帯びることはないではない。「そんな不合理な弁解が通ると思っているんですか」くらいの発問は

いくらでもあるだろう。

　本人が「不正行為」それ自体の存否を否認している場合は後に詳述するが（4章5項1②参照）、全ての供述と証拠を評価・事実認定することによって、不正行為の有るや無しやについての結論を出すことができる。しかし、通報対象者が個人情報の持ち出しを認めているが、持ち出したUSBの所在を明らかにしないときに「あとはこちらで事実認定しますから黙秘するならどうぞご勝手に」では済まない。所在について通報対象者が自白しない限り、流出した個人情報を回復することはできないからである。

　内部通報調査は、通報者、調査協力者のそれぞれの話をよく聞いて、そのうえで通報対象者の話もよく聞くことによって、そこで概ね通報者のストーリーと対象者のストーリーが浮かび上がってくる（ストーリー化については5章参照）。そのうえで、いずれのストーリーが真実かを収集した供述と証拠によって事実認定していく作業であるから、事実認定の流れは、原告と被告の主張が真っ向から対立するときの民事裁判手続と親和性があるといえよう。

3　内部通報制度は民事裁判手続と同じではない

　民事の紛争について裁判所は「納得いかないことがあれば民事訴訟を起こしましょう」などと宣伝はしない。内部通報は「コンプライアンス違反もしくはその可能性があればホットラインに通報してください」と社内向けに広報している。企業によっては義務化している企業もあるくらいである。

　1章で説明した通り、内部通報は、面倒なことに巻き込まれたくないとか、不利益な取扱いがあったらどうしようといった様々な精神的負担を乗り越えて「会社のために」という気持ちで行われるものである（前述の通り、会社のためにという気持ちと不正を行っている人物を許すまじという気持ち、あるいはともかく通報者の安全を確保して欲しいといった気持ちは併存するし、その割合は通報内容に不正事実があればどうでもいいことである。さらに言えば「玉石混交の「石」の通報への対応」（4章1項4②）で述べる通り不正事実が存在しない「石」の通報に対しても冷淡な対応は厳禁である）。よって、企業側の「コンプライアンス違反に気付いたら通報してください」というお願いに呼応して通報してくれている社員に対して、丁寧な対応（通報者ファースト。詳細は第4章1項3①参照）

をするのは当然のことである。

　また民事訴訟は、判決の基礎となる資料の提出を当事者の権能と責任とする制度であるから、裁判所が当事者を乗り越えてあれこれ聞いてくるということは基本的にない。被告が認否に困るような雑な主張については、裁判所が主張整理に介入することはあるとしても、裁判所は基本的には受け身である。ありていに言えば、訴訟の勝敗で喜んだり落胆するのは当事者である。裁判所は第三者である。

　これに対し、内部通報において企業は第三者ではなくリスク管理の当事者である。自社のリスク管理の問題であるから、少しでも詳細な事実関係を把握するためにはどうすればよいかということを内部通報制度の設営者として考えるべき立場にある。したがって、民事裁判と異なり、自ら積極的な証拠収集を行わなければならないし、調査に際しては、当事者の発言を不必要に制限するような対応をしてはならない。具体的には、調査時に当事者の発言を制限したり、当事者の質問を拒んだり、当事者の調査担当者の誤りの指摘（資料の誤読に基づく質問など準備不足の調査担当者は必ずやる）に真摯に耳を傾けないといった対応はあり得ない。

4　内部通報調査は第三者委員会の調査とは異なる

　第三者委員会が設置されるのは、企業不祥事の原因となる行為があるかもしれないという段階で、その可能性について吟味するために設置される場面もあるが、多くは企業不祥事が発覚した後に設置されるのが通常である。不祥事について記者会見が行われた際に第三者委員会の設置について言及されることもある。この段階で「不正」の存在それ自体は明らかになっているから、取り急ぎ「不正発覚」という事実について記者会見で報告し謝罪することになる。多くのケースでは「誰がやったか」ということも概ね明らかになっていることも少なくない。したがって、第三者委員会の調査では、犯人探しというよりも、不正の存在を前提として、なぜこのような不正が生じたのかというメカニズムを解き明かすことに力点が置かれることが多い。

　一方、内部通報調査は、そもそも「不正」が存在するかどうかは、調査を終えて、その調査結果を慎重に評価認定しないと分からない。

第三者委員会の調査も内部通報調査も、予断や偏見は排して行われるべき点で共通するが「不正」の有無それ自体をこれからフラットに評価することが求められる内部通報調査においては予断や偏見はより慎重に排除されなければならない。

　いずれにせよ調査担当者は正義の使者が降臨したかのような勘違いだけは絶対にしてはならない。まさかと思われるかもしれないが、これが意外に多いのである。私が通報者から得た通報事実を会社担当者に伝えた段階で「これは許せない」と発する担当者は少なくない。「許せない不正が存在するかどうかはまだ分かりませんよ。全ては調査を終えてから考えるべきことです」と私は返すこととしている。繰り返しとなるが、調査開始段階において「不正ありき」で調査するのではなく、調査を終えた次のステップたる評価・事実認定の段階において、不正のありやなしやについて判断すべきである。

　既出の加藤周一氏のご両親が、加藤氏と妹の言い分を聞くときに心に留めていたことは、私は「公正・公平」といったものではないかと思われる。ときに正義は公正さ公平さを欠く源ともなりかねないことに留意すべきではなかろうか。

　「人間の本性がでる場面は2つある。困難に直面した時と、正義が自分の側にある時の言動だ」というネットの書込みが話題になった。調査担当者に正義感は必要だが、調査段階で表に出すべきものではない。正義を振りかざす者はときに横暴になる。通報内容に正義があるかどうかすら調査開始時点では分からないのである。調査段階では公正・公平に関係者らの話を聴くことに専念すべきである。

2 機能不全となっている内部通報の調査・事実認定

1 機能不全に気が付かない3つの理由

　ここまで見てきた通り、内部通報制度においては担当者の調査・認定における公平・公正な対応が重要である。しかし、残念ながら、企業は内部通報制度の重要な構成要素たる内部通報出口問題を構成する調査・事実認定のプロセスが機能不全となっていることに気付かない。とりわけ出口問題の課題となる調査や事実認定のレベルが必要十分なレベルに達しているかどうかについて気付く機会は少ない。

　その理由は、①自社の調査のレベル感を他社との比較で測る機会がない、②内部通報の調査・事実認定は裁判で言うならば第一審限りで控訴審はない、③ベテランの調査担当者への過度の信頼・依存の危険性の3点である。

①調査レベル感の他社比較は不可能

　まず指摘すべきは、自社の調査のレベル感を他社との比較で測る機会がないという点である。

　オリンパスのように、通報がなされたのに、調査すら行わず通報者の秘密を漏らし、不利益取扱いのオンパレードを長年にわたって繰り返せば、「当社の内部通報は機能していないのではないか」と気付いてもよさそうなものである。ところが、内部通報制度としての体をなしていないオリンパスのような酷いケースですら、会社は自社の内部通報制度の在り方に疑問を感じるどころか、むしろ通報者である浜田氏に問題があると大真面目に考えていたのである。自社のやっていることが、まともかまともでないかを自省する機会はなかった。

　オリンパスにおいては、通報がなされたらきちんと通報された事実を調査するという内部通報制度のあるべきサイクルの外形すらなかった。それでも、制度の機能不全に気付かなかったのである。「通報受理→調査→事実認定→処分（あるいは不処分）」というサイクルが外形上存在すれば、内部通報制度がきちんと機能しているかどうかについて気付く機会はますます減少することは容易に想像できるだろう。

71

多くの企業では、通報がなされれば、調査を開始し、問題があれば処分と再発防止策を策定する、問題がなければ通報事実は認められなかったという結論を出すというサイクルが回り始めることになる。つまりオリンパスのように、そもそもサイクルが回っていないという事態が発生することは稀有で、外形上は（あくまで外形上はである）ガイドラインで定められていることをきちんとやっているので、そのことをもって内部通報制度は機能していると錯覚してしまうのである。

　しかし、例えばＡ社とＢ社それぞれの調査チームが全く同じ内容の事象を調査したとする。この場合、Ａ社調査チームでは問題ないと認定されてもＢ社の調査チームが調査すれば問題ありという結論になることがあってもおかしくないことは誰でも気付くことだろう。つまり、調査には一定レベルの質が求められ、その質に達していない会社では、コンプライアンス違反を見逃してしまうということがある。

　本書「はじめに」に記した通り、調査担当者は「何が適正な調査で何が不適正な調査なのかについて基準がないから自社の調査が十分な調査と言えるのか確証がないまま仕事しているのが現実」という悩みを抱えている。

　実際には不可能なことだが、Ａ社で調査対象となった事象についてＢ社調査チームが調査してＡ社と異なる結論を出すという実証実験を行うことができれば、Ａ社の調査チームは自社の調査レベルが劣っていることに気付くことができるが、そのような実験は実際にはできない。

　それどころか、Ｂ社調査チームからみればＡ社の調査は「そんな調査じゃダメでしょ。コンプライアンス違反を見逃しちゃうよ」というレベルの質の低いものだったとしても、Ａ社調査チームとしては「俺たちの調査って手抜きだな」とか「甘っチョロい調査だな」などと思ってやっているわけではない。むしろＡ社の調査チームとしては真剣に精一杯の調査をやっているという認識しかないのである。ある競技で県大会で優秀な成績を収めた選手が全国大会で入賞すらできないという事態に直面すれば、自身が井の中の蛙であったことに気付くことができるが、内部通報調査の全国大会などないから自分の実力が多くの企業の中でどの程度のものかを知る機会もない。

②内部調査結果に対する異議申立手続がない

　次に指摘すべきは、内部通報の調査・事実認定は裁判でいうならば第一審限りで控訴審はないという点である。

　私の知る限りであるが、内部通報制度規定に「異議申立てを受ける」という規定を置いている企業はない。

　先に内部通報部屋のドアノックするも、2ヵ月後に失意のどん底の中、内部通報部屋を退室した社員のストーリーを紹介したが、不正を何ら糺すことのできない調査・事実認定に対して「異議申立書」を作成する社員などいない。同僚と居酒屋で「うちの会社の内部通報制度なんて全然役に立たない」と愚痴って終わりとなるのが実際である。会社の調査チームとしては、通報者にどれだけ不満が残ろうが、その不満が正当な不満であったとしても自分たちなりに真面目に精一杯調査・事実認定した結果であるから、「不満を感じている通報者の方がおかしい」ということで終わってしまうのである。

　これが入口論の守秘の問題や不利益取扱い禁止の問題なら、秘密が漏洩したり、解雇や左遷といった扱いがあれば禁止事項との抵触が明白ゆえ社員は声をあげやすい（会社がその声を真摯に受け止めるかどうかは別論であるが）。

　ところが、出口論に関しては、会社が不適正な調査や不適正な事実認定を行っていたとしても、会社にその自覚はない。禁止事項に反しているわけではないから、適正な調査と適正な事実認定を行っている認識しかない。よって、通報者が「どうしてキイパーソンとなるあの人から聴取しないんだ」と声をあげても「聴取の必要がないと我々は判断しました」と紋切型の答えしか返ってこないのである。

　さらに指摘するならば、質の低い調査であっても10件のうち9件くらいは正しい事実認定となるので、調査・事実認定の問題がクローズアップされる機会はさらに少なくなる。多くの調査・事実認定について通報者らから不満の声が続出するといった事態になれば、さすがに調査・事実認定の問題性に気付くだろうが、全ての事案が判断を誤るだけの難しい事案というわけではないから不満の声が続出するということにはならない。よって自社の調査・事実認定に問題があることに気付く機会はほとんどないということになる。

③ベテラン調査担当者への過度の信頼と依存

　最後に「ベテランの調査担当者」への過度の信頼と依存の危険性も指摘できる。

　例えばコンプライアンス部門に新任部長が異動してきたとき、既に調査担当者としての経験を３年積んでいる社員がいたとする。部長が法務やコンプライアンス部門とは畑違いの部門から異動してきた人物であれば、コンプライアンス部門で３年の調査担当経験者は非常に頼りになる存在に感じる。よって、たとえその担当者の調査や事実認定がプロがみれば相当おかしなものであっても、新任の部長にはそれを判断する能力がないため、まともな調査や事実認定が行われていると信じ切ってしまうといった事態は生じうることである。

　私は実際にベテランと称される社員の調査や事実認定に疑問を感じたことがある。ベテラン調査担当者の調査や事実認定が事案によって過度に厳しかったり、過度に緩かったりということがあった。「この人は厳しめな事実認定をする人」といった一方向への偏りではなく、その場その場で厳しかったり甘かったりと一貫性がないので、調査や事実認定の軸となるべきものを持っていないのではないかと思った。このことを私が指摘したことによって、その後調査や認定の大幅な上振れ、下振れは是正された。また、明らかに不合理な事実認定が記された報告書に触れる機会もある。私以外の複数の社員が目を通しているのになぜ誰も指摘しないのだろうと思いながら問題点を指摘することになる。おそらく「あのベテラン調査担当者が書いた報告書だから問題ないだろう」という曇った目で読んでいるから気付かないのではないかと思われる。

　たとえベテラン調査担当者であっても、本書「はじめに」で紹介した「コンプライアンス部門に異動してきたというだけで、何のトレーニングも受けていない自分のようなものが調査を担当してよいのだろうかとずっと疑問に感じていた」と私に悩みを吐露した社員のような謙虚さが必要になってくるのではなかろうか。ちなみに、私に悩みを吐露した社員が調査担当者を務める会社は私と法務全般の顧問契約を締結している会社で、内部通報の調査や事実認定は社員が行う仕組みとなっている。先の社員は、都度都度不安や疑問を感じたら「これで間違ってないだろうか」と私に問い合わせをしてくるが、この社員の調査や事実認定は非常に丁寧なものとなっている。

　このように、他社との比較で自社の調査や事実認定のレベル感を測定できる

機会がなく、調査や事実認定結果に不満を感じている通報者がいても調査・事実認定は一回だけだから間違った調査・事実認定が裁判のように上級審で覆されるといったこともない。しかも客観的には劣化した調査・事実認定でも当事者は真面目に精一杯取り組んだ結果ゆえに恥じることもない。さらに、全ての事案が難事案ではないから劣化した調査・事実認定でも正しい結論となることが多く、調査・事実認定の問題性が顕在化することはそれほどない。これに加えて、一部担当者の「自己流」がスタンダードになっていることの異常性に社内の誰も気付いていないという恐ろしいことすら起きうるのである。

　結局「自己流」あるいは「自社流」が幅を利かせているという自覚もなく低レベルな調査・事実認定を疑いもなくやっていることになるのである。

2　問題のある調査や事実認定は確実に存在する

　上記のように機能不全に気付かないために、全国の企業でいい加減な調査や認定が行われているのではないかという危惧を私は持っている。

　本書「はじめに」で記した通り、私が他の調査担当者の調査や事実認定について触れる機会は様々である。前任の担当者の調査のモニタリングを行ったケース、前任の担当者の調査が行き詰まって応援部隊として投入されるケース、受付窓口を任期制としている企業で新任担当となったときに類似の過去事例資料を見直すといったケースなどである。お気付きの通り、それまでの調査の風向きがおかしくなってから私は参加するわけだから「これはどうしたことだろう」という調査や事実認定に遭遇することもある。端的に言って、無茶苦茶だなと感じたケースもある。

　経験則を安易に用いた事実認定の問題点については別途後述するが（5章4項参照）、経験則を安易に用いた事実認定や木を見て森を見ずの事実認定は少なくない。客観的証拠（書類・メール等）の価値は高いという判断は正しいが、調査担当者がこれが証拠だといわんばかりの「お宝メール」を発見したことで思考停止に陥り、そのお宝メールの証拠価値を無力化する他の証拠の存在について一切検討していないケースもあった。なぜ、そのようなことになるのか私には全く理解できないが、聴取前から事案について結論ありきで調査や事実認定を行ったとしか思えないケースもあった。

私が疑問視する調査と事実認定は、一弁護士でしかない私が遭遇した調査と事実認定である。たかだか一人の弁護士ですら数件の、それこそ控訴制度があれば逆転されるだろうなというケースに遭遇しているのである。いったい全国で、どれだけの通報者が誤った調査・事実認定の犠牲になっているのだろうと考えると暗澹たる想いになる。

3　調査の内容が重要

　他社の内部通報制度の有効性と自社のそれを比較することは難しい課題だが、「当社の内部通報制度はきちんと機能していないのではないか」という意識を持つことはできる。「当社は内部通報制度を設置しているから一安心」といった意識よりは遥かに気付きの機会を得ることは多くなるだろう。

　また、社員全員を対象としたアンケートのほかに、個々の通報事案について利用者アンケートを実施することによっても問題点を見つけることはできる。

　さらに、複数の企業を担当している弁護士があなたの会社の内部通報担当者なら、その弁護士に率直に、当社の内部通報制度の強み、弱みを問うてみるのもよいだろう。

　もっとも有効な方法は、過去の内部通報調査事案をサンプルチェックするという方法である。いくつかの事案を無作為抽出して、通報者聴取から調査協力者聴取、通報対象者聴取の反訳を批判的に検証すると聴取の方法や内容の問題を発見することもあるし、そもそも調査すべき人や物を調査していないというケースを発見することもある。散見されるのは、通報者や通報対象者に不利益な認定をしている場合（通報者であれば通報事実がないという認定、通報対象者あれば通報事実があるという認定）に、認定根拠として不利益を被る側の説明や弁明がほとんど盛り込まれていないケースである。サンプルチェックの際は、認定根拠を精読するのが誤りを発見する近道ではないかと思う。もっともらしく書かれてはいるが、よく読むと、不利益を被る側の説明や弁明抜きで重要な箇所を安易に経験則に依拠して認定してしまっているケースや必用な補充調査を行わないまま結論を出しているケースがある。なお、その際に、弁護士が調査担当者であったとしても「弁護士が調査しているのだから問題はないだろう」といった予断は捨てるべきである。ジャーナリスト・大学教授・コンプライア

ンスを専門分野とする弁護士らで組成される「第三者委員会報告書格付け委員会」の公表する第三者委員会報告書の評価は千差万別である。第三者委員会報告書は弁護士のほかにジャーナリスト、大学教授らによって作成されるものであるから、問題がないどころか極めて示唆に富むものになるはずであるが必ずしもそうではない。同委員会から「真因が明らかになっていない」などと厳しい指摘がなされることもしばしばある。弁護士が関与したからといって万全ということには必ずしもならないのである。

　関西電力第三者委員会について、郷原信郎弁護士はブログ「郷原信郎が斬る」にて2019年10月10日付で「一言では、現時点では、肯定も否定もできない。まず、委員会のメンバーは委員長の但木氏をはじめ、裁判所、弁護士会という法曹界のキャリアという面では『申し分のない人達』である」とするも「今回公表された関電の第三者委員は、緊急のオーダーを受けて、豪華な法曹キャリア「てんこ盛り」の無色透明の皿を出してきたというに等しく、これだけでは、この極めて根深い問題の真相解明、違法性の有無の判断ができるのか、全く分からない」と指摘している。

　「現時点で肯定も否定もできない」とするのは極めてフェアな論評と考える。豪華な法曹キャリア「てんこ盛り」によって真相解明が約束されるものではなく、このメンバーがどれだけ充実した実効性ある調査を行うかが核心となるからである。このブログの指摘は、第三者委員会に関する指摘だが、内部通報調査担当者においても同じことが言える。誰が調査したかではなく、どのような調査を行ったかを企業は厳しくチェックすることが重要である。

第3章

内部通報制度の出口問題を把握する

第 **4** 章

内部通報制度の実践手法①
聴取・調査

①ファーストコンタクト
②アウトラインの聴き取り
③主幹部門との連携
④通報者からの日を改めて深掘聴取
⑤関係者にて再度集まって協議
⑥通報対象者からの聴き取り
⑦評価・事実認定
⑧処分・改善作業
⑨モニタリング

調査開始（通報受理）

1 調査の流れ

　調査開始後のおおまかな流れは以下の通りとなる。

　調査担当者は、①ファーストコンタクト（第一報・通報受理）を受け、②その際にアウトライン（事案の概要）の聴き取りをして、③主幹部門と連携し（社内での事象について、情報共有の範囲をどうするか、担当者を誰にするか等を協議）、④通報者からの日を改めて深掘聴取の機会を持ち（アウトラインからかっしりしたフレームへ）、⑤関係者にて再度集まって協議をする（誰を調べるか、何を調べるか、順番はどうするか、スケジュールをどうするか等を決める）。そして⑥通報対象者（事案によっては調査協力者）からの聴き取りを適切に行い、⑦評価・事実認定を行い、⑧関係者の処分とその後の改善作業をして、最後に⑨結果をモニタリングする。

　以下、通報受理からスタートする各プロセス（本章では①〜⑥）に添って適正な内部通報の調査の在り方について検討することとする。

2 内部調査の基準を持つ

　具体的な調査の手順を説明する前に、調査に当たっては、きちんと勉強して基準を持つことが必要だということを示しておく。

　私は内部通報調査に関して、制度設計それ自体に関与した経験、私自身が通報窓口として通報を受け調査を担当した経験、社員が調査を開始したが調査がうまく進行しないために途中から援軍として参加した経験、弁護士が調査を開始し終結した事案をモニタリングした経験、私自身が通報事実について知り得る立場にあることをもって第三者たる調査協力者として聴取を受けた経験があること、セミナー受講者から様々は話を聞く機会があることは前書きで述べた通りである。

　参考になるケースもあったが、反面教師事例も少なからずあった。「（調査担当者が）こんな調査しかできないこの会社は気の毒だなあ」と思わざるを得な

いケースもあった。

　私が気の毒だなと感じることができるのは、内部通報調査の基準（スタンダード）を持っているからである。そのスタンダードを形成するベースは、上記の通り、様々な場面で私自身が内部通報制度の制度設計担当者として、または調査担当者として試行錯誤してきた経験である。しかし、この経験値が例えば、世の中でスタンダートと考えられている方法論から乖離したものであっては、単なる独り善がりとなってしまう。だから、私は、内部通報に精通した論者の著した著作や消費者庁・厚生労働省がリリースしている内部通報制度に関する各種情報によるアップデートを欠かさない。調査の在り方についてはパワーハラスメントに関するものであるが、厚生労働省が「さすがにこんな調査はまずいよね」という例を公表しているので大いに参考している。

　内部通報調査の基準を持っていないと、自社の調査が適正か不適正か全く判別しようがない。内部通報制度が存在すること、内部通報を受理して会社の方針を決めること、このプロセス自体はどの会社も概ね持ちあわせているものであるが、このプロセス自体が適正に機能しているかどうか（形だけの仏か、魂の入った仏か）が、今後は問われることになる。

3　調査全体の基本スタンス

①通報者ファースト

　「通報するには勇気がいる。」

　スルガ銀行第三委員会調査報告書の指摘である。

　通報者は、不正を見聞するという衝撃を経たうえで、様々な不安や葛藤を抱えてそれを乗り越えて通報するのだから（1章3項参照）、通報者とのコンタクトは常に通報者ファーストの意識を持つべきである。

　通報者ファーストは、単に通報者にとって意味のある対応に留まらず、企業側にも価値をもたらす対応である。

　すなわち、通報者は企業のリスクを知る者であるため、通報者に丁寧に接することによってリスク情報を会社は細大漏らさず正確に把握することができるのである。企業は企業内に存在するリスクを通報を受けた後にどれだけきちんと管理することができるかが問われており、そのスタートとして、少しでも多

くのリスク情報を、少しでも正確に把握することが重要になるのである。

　通報者は、「通報したことで報復を受けるのではないか」「秘密は守られるのか」「そもそも会社は本気で自分の問題提起を受け止めてくれるのだろうか」「調査を担当する人はどんな人だろう」「私が言わなくても誰かべつの人が言ってくれるのではないか」といった様々な葛藤のもと通報を決断することになる。通報を止めておこうと考える契機となる材料や懸念事項はいくらでも心に去来していることを、通報を受けた人は知っておく必要がある。

②通報を義務化しただけでは不十分

　このような通報者の葛藤を緩和する方法として、通報の義務化という手法もあり傾聴に値する。通報するかしないかを通報者が迷った挙句、結局通報すべき事項を通報しないという最悪の選択を回避するために有効な手法である。

　たしかに、通報を義務化すれば、通報するかしないかについての葛藤はなくなる。しかし、通報に伴う様々な懸念事項（例えば「報復を受けないか」「秘密は守られるか」）が通報の義務化によって消えるわけではない。通報を義務化しておきながら、通報者が不利益扱いを受けるといったことがあれば目も当てられない。社員としての義務を履行したのに、その結果通報者は傷だらけにされたといったことにならないよう、通報を義務化するしないにかかわらず「不利益取扱いの根絶」は徹底されなければならない重要な課題となる。

③通報は幅広く受け付ける

　通報事実は、「コンプライアンス違反またはその可能性がある事実を見たり聞いたりしたとき、その事実」といった定め方をしている企業が多い。「通報していいのかどうか迷ったら通報してください」などと記している企業もある。「あの人が不正を行ったかどうか確証までは持っていないのですが、どうにも怪しくて」ということもあれば「ネットで調べてもパワハラの線引きって難しくて、この程度でパワハラではないかなどと通報していいのだろうか」など通報前に悩む材料はいくらでもある。

　そこで、通報者に悩み（通報できる事案かどうか）を解決させるのではなく、「そういったこと（通報事実に当たるかどうか、そもそも通報するような問題なのか等）の判断は私たちにおまかせください」という姿勢が必要である。「確た

る証拠もないのに、人を犯人扱いするんじゃない」などと対応してしまっては、内部通報のドアは恐ろしく重たいドアになってしまう。一社員に「確たる証拠」を求めること自体無理な要求である。

④具体的な通報事例を示す

　可能性も含め幅広く通報を受け付けるというアナウンスだけではまだ不十分である。具体的な通報事例集まで作成することで、より通報者ファーストと言えよう。

　法令違反に該当する行為については、社員も感覚的に何が問題となるか予め認識している場合が多いと思われる。例えば、「協定を超えた残業が恒常的に行われている」ことや「上司のハラスメントで体調を崩している人がいる」「交通費の実費精算で誤魔化しをやっているようだ」「営業機密ファイルを持ち帰っている人がいる」といったことは、具体例を示されたことをもって「そうなんだ。こういうケースも通報していいんだ」と初めて気付く社員は想定しにくいから、くどくど例示する必要はない。

　ただし、法令違反の中でもその事業内容によるところが多いが、独占禁止法違反でたびたび公正取引委員会から指摘を受けている企業体もある。そのような企業体は独占禁止法の研修も別途行うなどして啓発活動に努めているところが多いが、通報事例集にも「○○の購入を条件に▽▽のサービスを受けられるといった販売方法を行っている」などは、独占禁止法違反となる可能性があるため、気付いた人は通報してくださいなどの注意喚起を行うべきである。独占禁止法違反が多い企業が独占禁止法違反の通報対象事例をアナウンスすることは一種のリスクベースアプローチである。

⑤社員の些細な行為や私生活上の法令違反行為に関する通報

　次に、私自身が企業内弁護士を卒業して自分自身の事務所を持ち、複数の企業のサポートをするようになって気付いたことを紹介しておくこととする。

　私は企業内弁護士として在職中、出張その他外出機会が多く、会社の出入口を行き来することが他の社員に比べて非常に多かった。その際、しばしば会社がテナントとして入居しているビルの１階出入口付近にて携帯電話で通話している自社の特定の社員を見かけることがあった。私が企業内弁護士を務めてい

第4章 内部通報制度の実践手法①聴取・調査

た企業は高層ビルのいくつかのフロアを借りて営業していたので、他の多くの企業の社員も出入りするのが1階出入口である。私は「あの人よく見かけるなあ」くらいの意識しか当時はなかった。私自身、内部通報の社内受付窓口を担当していたが、「勤務時間中に特定の社員が執務室を抜け出して携帯電話で通話している事実」を「内部通報すべき事案」と結び付けることはできなかった。

　その会社を卒業後、他の会社の内部通報受付窓口を担当するようになったとき、他の会社で「いつも社外で携帯電話で通話している社員がいるんですが、ちょっと気になるんですよね」という通報を受けた。調査の結果、その社員は禁止されている副業を行っており、副業のための電話をしていることが判明した。当然のことながら、会社の営業上の機密やノウハウが副業で利用されている可能性も考えなければならない。「会社の出入口付近でしばしば携帯電話で通話している社員」という些細なこととも受け止められる行為が、重大な不正と結び付いていたのである。私が、社内弁護士在籍中同様の行為を目撃していたにもかかわらず、不正との結び付きの可能性を考えなかった不明を恥じたのは言うまでもない。

　このように当該行為が明確に法令や社内規則に抵触していると即断できないものの、通常とは異なる「目立つ事象」については具体例として例示しておいた方が良いと思われる。

　例えば先のような例は「勤務時間中離席していることが多い人がいる」などと示せばよい。このほかにも「勤務時間中、PCで業務と関連性がないと思われるサイトを開いている人がいる」「行き過ぎではないかと思われる接待を行っている、または受けている」「会社の備品を持ち帰っているようだ」「怪しげな取引を勧誘している人がいる」「部の送別会とは言え二次会で23時までというのはいかがなものか」といった事象については、気にはなるが内部通報の対象外と思い込んでいる社員がいるのではなかろうか。

　読者の中には「まあこの程度のことはいいんじゃないですか」と感じる方もいるかもしれないが、不正の芽や温床となる可能性があるのだから軽視すべきではない。「携帯電話で通話している社員」という不正との結び付きを即座に想起できない事象から、禁止されている副業や会社の営業機密等の流用が発覚することもあるのである。

　なお、このような「当該事象それだけでは不正との結び付きを即断できない

事象」について社員に「通報すべき事案です」とアナウンスしておきながら、会社の調査担当者が内心「こんなことに目くじら立てるのは行き過ぎ」といった意識を持っていると、当然のことながら調査は大甘なものとなり、不正を見逃すことにもなりかねないので注意する必要がある。

　なお、若干判断に迷う通報として社員の私生活上の法令違反行為に関する通報の取扱いがある。消費庁のQ＆A36は以下の通りである。

Q
　従業員の私生活上の法令違反行為に関する通報は、本法の「公益通報」に当たりますか。
A
　本法では、従業員が労務提供先の事業に従事する場合における一定の法令違反行為について通報することを「公益通報」と規定していることから、事業と全く無関係な従業員の私生活上の法令違反行為については、本法の「公益通報」の対象となりません。

　消費者庁のQ＆Aの通り「公益通報」の対象とはならない。しかし、内部通報の対象となるかどうかは別問題である。例えば、休日に職場の仲間で賭けゴルフをやっている上司について通報がなされた場合や、休日に同僚の家に自動車で訪問して飲酒運転をして帰ったケースについて通報がなされた場合には、どのように判断すべきだろうか。

　会社の仲間とやっていることだから「事業と全く無関係」とは言えないとなるのかもしれないが、事業を離れている休日における出来事であるため、悩むのではないだろうか。

　私には悩むこと自体理解できない。賭けゴルフや飲酒運転が真実行われているのであれば、「私生活上の法令違反行為ゆえ会社の関知するところではありません」とするのは間違いだ。「○○株式会社の社員らが賭けゴルフで逮捕」という記事、「○○株式会社の社員が飲酒運転で子供らの列に突っ込んだ」という記事に「会社には以前から問題ではないかとの通報が寄せられていたが、会社は私生活上の問題として特に問題とすることはなかった」という記事が付されていたとき「この会社はバカか」と多くの人が思うのではなかろうか。ガ

イドライン云々以前の問題として「企業は社会からどのような行動や判断を期待されているか」という視点を持っていれば、当然に通報する事実であり、悩む問題ではないだろう。

4　ファーストコンタクトと事実の聴取

①通報者からのファーストコンタクトでの留意点

　通報者が外部窓口たる弁護士にファーストコンタクトを寄せてきたとき（私自身の経験をベースに記すので「弁護士にファーストコンタクトを寄せてきたとき」としたが、社内の内部通報受付窓口担当者にファーストコンタクトが寄せられたときも基本的に同じである）、通報者のほとんどは、弁護士と話すことは初めてであるため、多少なりとも緊張感やときには恐怖感を持っている。よって、勇気を振り絞って電話をかけた弁護士の第一声を聴いて「やっぱり思っていた通り怖そうな人だった」となり、伝えたいことの半分も伝えられなくなってしまうこともあるだろう。

　私は通報者に限らず、法律事務所に電話をかけてくる個人ないし企業担当者は、楽しい出来事の報告のために電話をかけてくる人はおらず、程度は様々であるにせよ「悩み」を抱えている人であるから、明るく誠実に対応するように努めている。その結果、ほぼ全員から「ホームページの写真は怖そうですが、話してみると全然そんなことないですね」と言われることになる。ちなみに同様のことは講演でもしばしばアンケートに書かれることである。

　緊張等でうまく説明できない通報者もいれば、やや興奮していたり、「もう死んだ方がいいと思っている」といった発言をする通報者もいる。よって、どのような通報者に対しても、ゆっくりと丁寧に対応することが大切である。

　「通報して良かった（電話して良かった）」と通報者が最初に感じるかどうか、これはその後の展開を大きく左右する。些細なことと思われるかもしれないがとても重要なことになる。

　以上のことは、弁護士に限らず社員が社内の受付窓口として受信する場合も同様である。コンプライアンス部門に電話をするには、それなりの覚悟を決めてから電話をするのが一般だ、ということを肝に銘じるべきである。

②玉石混交の「石」の通報への対応

　通報者の話を聴いていると「これって単なる人事への不満を言っているだけじゃないのかな」と思えるような話に遭遇することもある。たしかに真に会社のリスクを伝える「玉」の通報もあれば、そうでない通報（「石」の通報）も存在する。ただ、そういった石の通報もファーストコンタクトではじくのではなく、後述する「主幹部門と連携」をとったうえで会社として「内部通報としての以後の調査等のステップには進まない」ということを決めるべきである。通報者としても受付担当者単独の判断ではなく会社として検討した結果という方が納得感が高い。通報を受理したうえで「調査等の次のステップに進まないこと」という結果を通報者が理解できるように説明すべきである。通報者への説明責任を果たさないままクロージングしてしまうと、通報者としては「せっかく通報したのに無碍な扱いを受けた」といった不信感しか残らず、それが社員間で拡散されるリスクも無視できない（そうなると入口の問題が生まれることになる）。その通報が「玉」か「石」かを正確に判断できるのは、通報を受け付けた側だし、通報者は仮に「石」の通報でも「玉」と考えて（会社にリスクを伝えようと考えて）通報しているわけだから冷淡な対応にならないよう留意すべきである。

　なお「玉石混交」の割合であるが、私の体感では半々くらいである。5年以上前には石の方が多いと感じたが、ここ数年は内部通報制度の意義を理解する社員が以前より増えたのか「玉」の通報割合が増加したように感じる。「石」が混じることについては、最初から内部通報には相当数の「石」が混じるものくらいの認識でいた方がよいと思う。極端な話、10の通報のうち9が「石」でも、内部通報制度があったからこそ1の「玉」（会社として看過できないリスク）を発見できたくらいに受け止めれば良いのではなかろうか。

③不正目的通報への対応

　内部通報制度を気に入らない社員を陥れる目的で利用する社員もゼロではない。私自身、過去に二度不正目的通報を取り扱ったことがある。不正目的通報と認定される通報を行った者には厳重な処分がくだされることになる。内部通報制度は会社のリスク管理の根幹となる制度で、それを私怨を晴らす目的でコンプライアンス違反を捏造して利用することなどは会社として絶対に許しては

ならない。

　ただ、逆に言えば、懲戒処分を科すに足る不正目的通報であることの客観的な証拠もないのに、不正目的通報であるなどと軽々に断定することも慎まなければならない。

　私の取り扱った２件の不正目的通報は、ファーストコンタクトの通報時には、私自身すっかり騙されてしまった事案であるが、その後、客観的な不正目的を示す証拠が出てきたことで不正目的の通報であることが判明した。

　１件は、通報者が不正目的通報を共謀している他の社員とやりとりしているメールが発覚したため、それが不正目的通報の動かぬ証拠となった。

　なお、この不正目的通報は、ハラスメント事実を捏造した事案であるが、私自身が、調査段階で「仮説」を通り越して「断定」に近い心証を持ってしまったため「冤罪」を生じさせてしまったかもしれない極めて危うい事案であった。別途、事実認定の５章で当時の反省も含めて論ずることとする。

　もう１件は、通報事実の有無を判定する重要な証拠として提出された書類に明らかな改ざんが認められたケースである。

　以上の２件は客観的な証拠が存在したケースであるが、客観的に不正を示す証拠もない場合には、勝手に通報者の主観を憶測して不正目的通報と断じることはすべきではない。なぜなら、例えばハラスメント事案を考えると分かりやすいが、ハラスメント被害者はハラスメント加害者に良い感情を持っているはずがない。通報の際に「会社からハラスメントをなくしたい」といった公的な気持ちと「あんな酷い奴は処罰されればいい」という私的な感情が交錯することは当然である。重要なのは、通報者の主観に占める公的な想い、私的な想いの比率ではなく、客観的に通報対象者にハラスメント言動があったか否かである。実際にハラスメント言動が存在するのであれば、それは会社のリスクである。そのリスクを会社がコントロールしなければならない要請は、通報者の意図とは別物である。

　私は、通報を受けた側が通報者の主観を勝手に憶測した次のような事例を実際に経験している。

　ある企業の通報受理後の方針会議（主幹部門との連携）で、担当社員が「この通報者の通報対象者への積年の恨みは相当のものがあるので、この通報はある程度割り引いて受け止めた方がよいと思います」との意見が出された。私の

意見は「調査を開始する前に『割り引く』といった発想それ自体がおかしいです。我々は、通報者が通報した事実があるかどうかを必要な調査をやり抜いたうえで認定すべきであり、通報者の主観をこの時点で判断資料に入れると事実を見誤ることになります。主観を考慮すべき場合、すなわち『割り引かなければならない場合』は、通報時点で明らかに話に色を付けているということを示す客観的資料が必要です」というものであった。

　この意見に対して、社員は「分からなくもないが、それにしても、仔細なことも含め対象者の問題行為を数打ちゃ当たる方式で通報していると思いませんか」というものであった。この発言がいかに的外れで内部通報制度に無理解であるかについては既に述べた通りである。「こんな仔細なこと」とも言える業務時間中の離席しての電話が、実は会社の営業機密を用いた副業電話ということもあるのだし（4章1項3⑤参照）、通報事実はあくまで「不正の可能性」で足りるのである。

　いずれにせよ不正目的通報は断じて許してはならないものであるが、以下の消費者庁のQ＆A40にも指摘されている通り、「不正目的」の判断は慎重に行わなければならない。つまり、その通報を原因として不正目的通報として懲戒処分をくだしても異議が出される余地のない程度の客観的根拠に基づく「不正目的」の認定でなければならない。通報者の主観に過度に着目すると、会社が捕捉すべきリスクを見逃してしまうリスクが生じ、むしろ怖いのはそちらのリスクである。

Q

　不正の目的での通報にはどのように対処すべきでしょうか。

A

　通報制度を悪用して、専ら不正の利益を得る目的や他人に不正の損害を加えるような目的を持った通報は、本法第2条第1項に規定する「不正の目的」による通報であり、本法で保護される「公益通報」には該当しません。そのような場合には、本法及び民間事業者向けガイドラインに基づく通知等を行う必要はなく、また、悪質な場合には、そのような通報者に対しては、就業規則に従って懲戒処分を行うなどの対応も考えられます。

　ただし、「不正の目的」による通報に該当するかどうかは、最終的には裁判

所の判断に委ねられることになるので、慎重な判断が求められます。

④匿名通報を望む理由を考える

通報の敷居を下げるために匿名通報を可としている企業が少なくないが、匿名でも調査を開始できるケースもあるので、通報時のみならず、終始一貫して匿名で構わないということもある。例えば、某部門の管理職から通報者ではない第三者がハラスメントを受けているといったケースがそれに当たる。

「私が困っているわけではないのですが、部内に辛い思いをしている人がいるので、通報したのですが、よろしいでしょうか」といったケースである。

第三者に通報に係るハラスメントを基礎付ける被害事実が認められる可能性があれば、通報者が誰であるかについては以後問題とならなくなる。第三者との面談において、被害事実の調査を進めたいという会社の方針を丁寧に説明して了解をとりつければ、以後匿名の通報者との接点がなくなってもその後の調査はつつがなく行うことができる。

これに対し、通報者がハラスメント被害に遭っているようなケースでは、通報者から話を聞かないとその後の調査が困難になる。したがって、いつまでも匿名というわけにはいかない。

ここで考えるべきは、通報者はなぜ「匿名」を希望するかということである。端的に言えば、通報受付窓口の担当者やその背後に控えるコンプライアンス部門、さらに言えば会社の姿勢に対して全幅の信頼を寄せることができないからである（つまり、入口の問題につながる）。

「信頼できないから名前は明かしたくない」と通報者が考えているのであれば、信頼関係を追々築いていけばよい。だから、私は「匿名でも全然構いませんよ」ということを通報者に早い段階で明確に告げるようにしている。そして、電話のやりとり（ファーストコンタクトの時点）の中で信頼を獲得して、通報者の名前を開示してもらうように努めている。あくまで私の経験の限りのことではあるが、最終的に匿名を貫いた通報者はいない。

私は、通報者の信頼を獲得するためのひと手間をかけている。

そのひと手間とは、弁護士として、当該企業の内部通報制度の受付窓口担当者になった時点でその「本気度」を社員に示すことである。

実は、匿名通報者からのファーストコンタクトの時点で、匿名通報者と私は

初対面の関係ではない。匿名通報者は片面的に私のことを知っているのだ。私が内部通報制度の受付窓口に着任した企業において、全ての社員は私を知っている。しかも名前と電話番号を知っているというレベルではない。内部通報の受付窓口としての意気込み・熱意・プロ意識といったものまで知っている。私は、内部通報受付窓口に着任したら必ず会社に全社員に伝わる方法で、私が内部通報受付窓口に着任したことと抱負を発信してもらうようにしている。全社集会でのスピーチ、ビデオメッセージ、社内報での相当程度の分量を使ってのインタヴュー記事など方法は様々であるが、私の内部通報制度にかける想いを伝えるようにしている。

　私に匿名通報する社員は、電話をする時点で既に私の「本気度」を知っているのである。そのうえで私は電話で丁寧に真摯に対応する。匿名通報者は、私の「本気度」を1対1の電話で試し、私は試されているわけである。その結果、私のスピーチがうわべだけの借り物の言葉の羅列ではないと匿名通報者が感じてくれれば匿名通報者は匿名を解いてくれるのである。

⑤相談者の話をゆっくり最後まで傾聴する

　匿名通報に対しては、このように自発的に名前を明かしてもらうために信頼を獲得することは重要であり、その際、通報者に共感を示すことは問題ないが、それを越えて「断じて許せないハラスメントですね」といった断定は避けなければならない。ハラスメントになるかどうかは調査を終えた後、調査で収集した資料に基づいて、事実認定・評価を経てはじめてくだされる結論であるから、通報者の信頼を獲得するための迎合的な無責任な発言は厳に慎むべきである。

　この点、厚生労働省が公表している「相談窓口（一次対応）担当者のためのチェックポイント」（以下「チェクリスト」という）の中の第5項「相談者の話をゆっくり、最後まで傾聴しましょう」という項目の厳禁とされる言葉が参考になるので、以下に示すこととする。なお、この厳禁項目は、ファーストコンタクトの聴取時に限らず、次のステップとしての面談を通じての聴取時にも、果ては通報対象者や事案と関係する者（調査協力者）の聴取の際にも一貫して留意されるべき事項である（通報対象者に対しては、4章5項参照）。

5　相談者の話をゆっくり、最後まで傾聴しましょう。

○ポイント
・1回の面談時間は、50分程度が適当です。
・相談者が主張する事実を正確に把握することが目的ですので、意見を言うことは原則として控えましょう。
※相談者に共感を示さない以下のような言葉は、厳禁です。

（1）「パワハラを受けるなんて、あなたの行動にも問題（落ち度）があったのではないか」と相談者を責める。
（2）「どうして、もっと早く相談しなかったのか」と責める。
（3）「それは、パワハラですね。それは、パワハラとは言えません」と断定する。
（4）「これくらいは当たり前、それはあなたの考え過ぎではないか」と説得する。
（5）「そんなことはたいしたことではないから、我慢した方がよい」と説得する。
（6）「（行為者は）決して悪い人ではないから、問題にしない方がいい」と説得する。
（7）「そんなことでくよくよせずに、やられたらやり返せばいい」とアドバイスをする。
（8）「個人的な問題だから、相手と二人でじっくりと話し合えばいい」とアドバイスをする。
（9）「そんなことは無視すればいい」とアドバイスをする。
（10）「気にしても仕方がない。忘れて仕事に集中した方が良い」とアドバイスをする。

　厚生労働省が厳禁とする言葉として示す上記（1）〜（10）の各フレーズの最後に示す「（相談者を）責める」「（調査後に判明することについて）断定する」「（相談者を）説得する」「（相談者に）アドバイスする」といった行為について着目する必要がある。NGとなるのは「責める・断定する・説得する・（的外れな）アドバイス」である。アドバイスが一切ダメというわけではないが、（7）〜（10）のアドバイスは内部通報制度を頼ってきた人に制度による解決以外の方法をアドバイスしているのだから的外れということになる。

　これらの発言は、聴取者が「そもそも通報や相談を持ち掛けてくるような人は面倒くさい人だ」あるいは「この程度のことでハラスメントなどと騒ぐのはおかしい人だ」という意識を持っているからこそ発現するものである。厳に慎まなければいけないことであるが、意外にこのレベルの基本ができていない対応がなされているのが現状である。厚労省が例として採り上げるのも、そのような不適切な聴取が蔓延しているという実状を踏まえてのものであることは容易に推察されるところである。

　通報者聴取に際して「責める・断定する」などはNGだということを知っている人からすれば、そんな聴取を行う調査担当者の存在は信じられないかもしれない。しかし、先の厚生労働省の10項目など読んだこともなく、「責める・断定する」が有効な聴取手法と勘違いしている忌むべき自己流調査を行う調査担当者は少なくない。

　通報者ファーストの精神で丁寧な通報者聴取を行うから、調査対象となる通報事実のフレームがきちんと形成されるにもかかわらず、スタートからこんな杜撰な調査をやってしまったらまともな調査結果など出るはずがない。そもそも、調査担当者がNGとなる聴取を理解していなければ、会社が通報者聴取というスタートからしてズッコケていることなど気付くはずもない。このような問題となる調査を後にモニタリングする方法は後述する（6章3項参照）。

　なお、野原蓉子氏の著した「パワハラ・セクハラ・マタハラ相談はこうして話を聴く　こじらせない！職場ハラスメントの対処法」（経団連出版、2017年）は、NGの発問という角度からではなく、「信頼が得られる面談の進め方」という良い発問や対応の仕方という角度から具体的な方法について詳論してあり、私は大いに啓発された。

2 受付窓口の社内の主幹部門との連携（情報共有者の限定・利益相反チェック）

1 情報共有についての実際

　通報者からの①ファーストコンタクトで②通報事実のアウトラインを把握したら、次に③社内の主幹部門と連携をとることになる。

　通報者には「コンプライアンス部の部長と、部長が指名する調査担当者と受付窓口の私のみが情報共有者となります」ということをきちんと説明したうえで、電子メールでもよいので通報者の「承諾」を得ておく必要がある。その後の調査の進展いかんによっては、情報共有者の範囲を拡げなければならない場面が出てくるが、その場合も改めて、通報者に情報共有者を拡大することについてきちんと理由を付して説明して都度「承諾」を得ておく必要がある。通報者が後に「どうして○○部長が知っているんですか。それ聞いていませんよ」と言うような事態が生じれば、信頼関係はたちまち崩壊してしまうからである。

　内部通報制度に関するアンケートの解説で説明した通り、社員の中には通報内容や通報者を社長は知っていると誤解している者もいる（2章3項2⑦参照）。金融機関においては、不祥事案として当局への届出が必要な事案に関する通報は経営トップと情報共有することを予め規定に謳っている金融機関もあるが、それも規定に「予めの明示」があるから許される話である。

　「守秘」を謳いながら、なし崩し的に事案の内容を問わず社長に報告が上がるような運用になっている企業もないではない。内部通報を受け付ける側がルール違反を犯しているのだから論外である。通報者側も通報を受け付けた会社側も、例えば「通報者はXさん。通報内容について情報共有している者は受付窓口の弁護士1名と社員ＡＢＣＤの4名限り」といったように通報者と会社側の双方に認識相違がない状況をきちんと確保する必要がある。

　なお、ガイドライン（本書「はじめに」参照）にも明記されている通り、内部通報制度は企業の存亡にもかかわる重要な制度であるため、そこにどのような問題が通報され、それにどのように対応したのかということを経営陣が知る必要性は高い。他方で通報者の秘密の保持も重要な要請である。そこで、両者の調和を図るという観点から、まず通報者には、通報者特定ができないように

するということを条件に、どのような「問題行為」（「行為者」ではなく「行為」のみの報告となるように留意する）があったかについて、事案処理が終了した際に経営陣に報告することを調査開始時に同意をとっておくことが必要となる。

　他方で経営陣には秘密保持の誓約書に署名をとるようにする。ガイドライン上、秘密保持の誓約書の徴求は「本人特定が生じる場合」にとるという立て付けだが、本人特定が生じない報告に際して取り付けるとすればより徹底した取組みとなると思われる。

2　利益相反のチェック

　主幹部門と連携するために調査担当者を決めることになるが、その際に調査担当者の利益相反に注意する必要がある。言うまでもなく自らが関係する通報事案の調査等に関与してはならない。消費者庁のＱ＆Ａ28には次のような記載がある。

Q

　民間事業者向けガイドラインにおいて、「自らが関係する通報事案の調査・是正措置等に関与してはならない。」とされていますが、「関係する」とは具体的にどのような場合のことでしょうか。

A

　具体的には、例えば、通報受付担当者、調査担当者その他の通報対応に従事する者が、

　・法令違反行為を行った当事者である
　・法令違反行為の意思決定に関与した
　・以前法令違反行為が行われた部署に勤務していた
　・法令違反行為を行った者の親族である

場合などが想定されます。

　さすがにこれはマズいよねというケースが列挙されており、特に違和感はない。
　問題は、通報対象者の調査を通報対象者のかつての上司が行うといった場合

である。通報対象者と調査担当者が、かつて在籍していた部署で上司・部下の関係にあり、現在は上司がコンプライアンス部門の調査担当者となり、部下が営業部門で勤務する通報対象者といったケースである。少なくとも消費者庁のＱ＆Ａにおいて利益相反と認める関係にはない。私自身、調査担当者もプロ意識を持って臨むのだから神経質になる必要はないかもしれないと考えていた。しかし、実際に問題となるケースに直面したことがあるので、今は一つの職場でチームを組んでいた関係があったものや、部門をまたぐ場合でもあるプロジェクトのメンバーとして一緒に一つの目標に向けて力を合わせた関係にある者は外した方がよいと考えている。

　私の経験したケースでは、調査担当者が「７年前に同じ部署だったんですよね。あのおとなしくて真面目な〇〇君が、こんなことをするってちょっと信じられないなあ」と調査準備の会議の段階で漏らしていた。調査において持ってはいけない先入観があったのだ（３章１項１②参照）。その結果、収集した供述と関連資料から、この認定はかなり無理があるだろうという認定となったときに、私は「外してもらうべきだった」と後悔した。認定自体は、私の指摘により当初の認定と変わる結論となり実害はなかったが、やはり目が曇る可能性がある人は、調査担当者にすべきではないと反省した次第である。

　情報共有の範囲の確定や利益相反チェックを完了すれば、いよいよ通報者の本格的聴取とその後の通報対象者の聴取が開始することになるが、このタイミングで聴取の基本動作の再確認、聴取の大枠（時間・場所・聴取人数等）、その他想定される事項への対象方針等を再確認しておく必要がある。

3　聴取の基本動作

①通報者と通報対象者に対する前提となる姿勢

　実際の内部通報調査は、通報者と通報対象者の２名を調査すればこと足りるというものでなく、調査協力者の調査が必要となるケースも少なくない。とは言え、非常に重要な核となるのは通報者と通報対象者の２名なので、彼らに対する基本動作について予め触れておくこととする。

　ａ）通報者の話をしっかりと聴く

　通報者の聴取は、通報受付窓口担当者に電子メールもしくは電話等で「先生に、社内で起きている不正行為について相談していいんですよね」などという第一報から始まる。その際の聴取は、あくまで事案のアウトラインをつかみ、通報者の了解を得られた場合には社内のしかるべき担当者と通報の概要を共有するためのものである。よって、傾聴の姿勢等が重要になる（4章1項4⑤参照）。

　通報者の第一報を受けた後に、日を改めて通報者と面談をして事案のアウトラインを再確認するとともに、さらに調査担当者側から補充質問を行うなどしてアウトラインに肉付けを行い、事案のフレームを確定していくことになる。

　第一報の聴取にせよ、改めての面談の際の聴取にせよ、基本的な姿勢は「傾聴」である。調査担当者は、いつどこで誰と誰の間に何があったのか知らないのであるから、事案のアウトラインの説明とアウトラインの肉付けは通報者にしかできないことである。

　例えば、「〇月〇日に、上司の〇〇から、△△という口頭指示を受けたが、この指示は社内ガイドラインに抵触するものではないか」というアウトラインを押さえた後に面談にて詳細を聞かせてもらうことになる。改めての面談聴取の際にはアウトラインは押さえてあるから、予め補充質問も準備できる。例えば調査担当者は「あなたがガイドラインに抵触するのではないかという指示は口頭とのことですが、録音はしていませんか」と録音はないと推測できても、「おそらく録音はないだろう」といった決めつけはしないで確認する。録音がないと答えた場合には「その指示を受けた後、そのことを誰かに相談しませんでしたか。相談したのはどなたですか。それは口頭ですから電子メールですか」といった補充質問を行うことによって効率的に肉付け作業を行い事案のフレームを確定することができる。

　このような流れが一般的である。心構えとして重要なことは「通報者ファースト」という姿勢である（4章1項3①参照）。通報者は会社を愛するがゆえに、頑張って声をあげてくれたんだという通報者の想い（1章3項参照）に応えるために会社側が忘れてはいけない姿勢である。

　b）事前準備をして通報対象者調査に臨む

　通報者の聴取を通じて事案のアウトラインから事案のフレームが構築できれ

ば、次に、通報対象者への調査事項を検討しなければならない。

　通報対象者への調査は、調査担当者がアウトラインすら分からない最初の通報者聴取の場面と異なり「傾聴」という姿勢は基本だが、通報者のように「伝えたいこと」があるから通報してきた者には「ではお聞かせください」で聴取を始めることができるが、通報対象者には質問を発しないと何も始まらない。通報者への聴取（と調査協力者調査）で収集した供述、客観的な物の収集等を総合して効果的な質問事項を考えなければならない。

　通報者聴取は、事案を知るのは通報者であるから、ファーストコンタクト時は、白紙の状態で「傾聴」することになるが、通報対象者のファーストコンタクトは、こちらが質問しない限り、答えは返ってこない。そのため、通報対象者への調査の場面では準備の質と量が問われる。もっとも、調査段階では、通報対象者が加害者的な立場にあるのかどうかは分からないので、先入観を持たずにニュートラルな姿勢を堅持することは意識的に行うべきことである（3章1項1②参照）。

　通報者と通報対象者の主張が真っ向から対立する場面も少なくないが、このような場面は通報者か通報対象者のいずれかが嘘を吐いているということになる。嘘は必ずバレる。より正確に言うならば、鋭敏な耳と高度の反射神経を持っている調査担当者を前にしたとき嘘は必ずバレる。嘘の説明は、必ず辻褄が合わなくなってくるからだ。調査官は「あれっ、今言ったこと、さっき言ったことと整合しないな」ということに気付かなければならない。事前の質問事項の準備段階で、この不整合をあぶり出す質問を組み立てることは可能である。私自身の感触では事前準備で不整合をあぶり出す場面と、質問している際に不整合に気付いて問い糾す場面は8：2くらいの感触である。嘘を吐く人はメンタリストDaiGoに言わせると多弁になるそうだが、その分析は当たっていると思う。多弁になると必ず余計なことを言うし、辻褄の合わないことを言い始める。そこに気付くかどうかは、ある種の能力なのかもしれないが、先に述べた通り8割程度は十分な事前準備により矛盾点をあぶり出して、嘘を見破ることができる。

　繰り返しになるが、徹底して事前準備することによって、事案の詳細が自ずとしっかり頭に入るとともに、質問当日の矛盾点について気付く感度も高まり、通報対象者の嘘を見破れることになる。

　私が通報対象者調査の事前準備で特に留意していることは、通報対象者調査の前提となる通報者聴取から得られたフレームとそこから紡ぎ出されるストーリーは、あくまで耳で聞いた通報者の説明と、それを紙に落としたときに文字から目に入る文字情報で構成されるものであるから、それらを私の頭の中で映像情報に変換するということである。

　例えば、「仲介業者が売主から600万円の領収書を預かって6人の買主に交付した」というストーリーがあれば、仲介業者が売主から600万円の領収書を預かった場面を映像化する。その際に600万円の領収書1枚を想起するか100万円の領収書6枚を想起するかということが重要になってくる。金額は均等に6分割で100万円ではないかもしれないが、6人の買主に交付したのであれば6枚の領収書が存在するはずである。「600万円の領収書」という文字情報だけだと、なんとなく1枚と思い込んでしまうことがあるが、映像化すれば1枚ということにはならない。さらに、6名に渡したという点についても6名が一同に会していたのか、順次6名が訪れて渡したのか、それとも各自の家に行って渡したのか、郵送なのかといった点も映像化というプロセスを組み込むことによって「はて、ここはどうなってるんだ」ということに気付くことになる。「仲介業者が売主から600万円の領収書を預かって6人の買主に交付した」というたった33文字で描ける文字情報を敢えて映像に変換することによって、リアリティを追及していくのである。

　リアリティを追及することにより、核心をついた質問ができるようになる。先のストーリーを映像化すれば6名に領収書を渡したのなら、6枚の領収書を想起できる（内訳は100万円×6とは限らない）。そこをきちんと映像化すれば、内訳も気になるし、交付方法も気になってくる。それらの点をきちんと通報者に質問して確認しておかなければならないことに気付くことになる。交付した6人の買主に裏付けをとっておくことも必要ということにも気付くだろう。

　このように準備をしておけば、通報対象者の供述の中に不整合な点を見つけやすくなる。例えば、先の例で言えば、真実は領収書の交付は郵送だったのに手渡ししたといった説明がなされれば、それは明らかに不整合な説明となる。このように不整合な点を突き詰めれば、通報者か通報対象者のいずれかの説明が真実でないかをあぶり出すことができる。

　このように、通報者聴取が心を白紙にして傾聴に徹することが肝となること

に対して、通報対象者の調査は準備が極めて重要である。

②最初の聴取の場は「事実を収集するステージ」

通報者を被害者、通報対象者を加害者と位置付けてしまうと、通報者には優しく接し、通報対象者には厳しく接するといった差が生まれることがある。全くナンセンスである。

「事実を収集するステージ」（第4章参照）と「事実を認定するステージ」（第5章）は全く別物と明確に意識して聴取を行うことが重要である。

私が通報者からのファーストコンタクトで通報事実のアウトラインを確認して、コンプライアンス部門の担当者と共有したときに、担当者が「酷い話だ。絶対に許せない」といった反応を示すことがある。この場合には必ず「今のまずいですよ。酷い話なのか絶対に許せないことなのかどうかは全て調査が終わってから判断することですよ」と私は返すことにしている。このように指摘されることで、担当者は「事実を収集するステージ」と「事実を認定するステージ」は全く別物という基本を身に付けていくことになる。

調査担当者の直感とか心証といったものは、少なくとも最初の聴取の段階では、それをどこまで排除できるかが調査担当者の腕の見せどころとすら言える。

全ての調査が一通り完了したうえでの補充調査時の聴取であれば、ある程度の心証が形成されている可能性もあるかもしれないが、最初の事実聴取の際に問うべきは「どのような事実を見ましたか」「どのような事実を聴きましたか」というものが基本である。

調査のステージは調査担当者の感想や所見を語る場面ではない、通報者、調査協力者、通報対象者から「事実」を聴き取る場面である。

「事実を収集するステージ」のはずの最初の聴取で、チェックリストに照らせばアウトになる調査担当者の直観や感情に基づく「断定」や「意見を述べる」といったことは厳禁であるが、「事実を収集するステージ」と「事実を認定するステージ」は全く別のステージだということをわきまえていない担当者は、こういう調査をやってしまうことがある。

なお、「すぐにバレる嘘を吐く第三者」（4章4項2参照）への対応であるが、供述を集めるステージはあくまで「事実を収集するステージである」という「事実の収集ステージ」と「事実認定のステージ」の切り分けができていない

調査担当者は、第三者の供述が調査担当者の心証（一定の心証自体を持つことは人間である以上止むを得ないが、事実収集のステージでは「確証」や「断定」にならないよう自制することが重要である）に合致すると「供述の信用性」を確認する作業を放棄してしまいがちである。

　例えば、通報者の通報を否定する第三者の供述があれば、通報者に「この供述はあなたの通報と整合しないがあなたの意見は」といった確認をする必要がある。通報者の通報内容を否定する材料となる第三者供述が出てきた場合、短絡的に「通報は偽りだ」とするのではなく、必ず通報者に第三者供述を提示してそれについての意見を求めなければならないが、このような基本中の基本すらできていない調査も実際にある。事実を収集するステージで「確証」や「断定」をしてしまったがゆえの失敗である。

　無責任な供述をする第三者は、調査に際して「私が言ったことは絶対に通報者には言わないでくださいね。今後の人間関係に響くから」などと付言することが往々にしてある。「通報者に確認しないと、通報者に不意打ちになっちゃうからそれは無理ですよ」と伝えて「いやあ、困ったなあ」などと言う第三者の供述はその時点で相当信用性の低いものと解すべきである。

③内部通報調査ハラスメントに注意する

　あまりにも低次元であるから記すことを躊躇したが、現実にあった発問であるから、「意識の低い人はやってしまう」という観点から記しておくこととする。

　近時、就職活動におけるハラスメントが問題とされているが、就活面接での御法度とされている質問や発言は、①本籍地や現住所、②家族に関すること、③家族の職業収入・資産、④思想信条に関すること、⑤男女差別やセクハラに関することである。これらの質問や発言は、学生の採用の可否と無関係のことであり、プライバシーにかかわることだから、まともな会社の人事担当者はこのような質問はしない。

　意識の低い人事担当者の増加と、学生側の意識の高まりが相まって、就活ハラスメントは国が企業に求めるハラスメント防止指針案にも盛り込まれるとのことである。

　今後は、内部通報調査ハラスメントということも問題にされる時代が来るか

もしれない。実際に、私はセミナー受講者から、受講者が調査協力者として聴取を受けた際に、横領等の金銭が絡む事案ではなくハラスメント事案であるにもかかわらず、2年前に建てた自宅の資金の出所について問われたという話を聞いたことがある。受講者は、さらに、10年前の家族に関する極めてプライベートな事項についても問われたそうである。全くハラスメント事実の認定と関係のない質問とは思ったが、それなりの企業の内部通報調査の機会になされた質問であるから「何らかの関連性があるのだろう」と当時は理解したが、未だにどのような関連性があったのか分からないと語っていた。

　プライバシーに関する質問は、その必要性について十分に吟味すべきである。ハラスメントとなる危険をはらむからである。ましてや、先の受講者は通報事実の当事者ではなく調査協力者という立場の者であるから、より慎重な発問をすべきだったと思われる。

　10年前は顕在化しなかった就活ハラスメントが、国家レベルで問題視される時代である。内部通報調査ハラスメントについても感度の高い企業はリスクとして把握しておくべきである。

④多くのケースは補充調査が必要となる

　「誰についてどのような事実があった」という認定は、調査関係者ら（人）の調査と物の調査を全て終え、慎重な検討を経たうえでくだされるべきものである。しかし、多くの場合、通報者と第三者と調査対象者の供述と物証がピタリと整合することはまずない。そこで、いくつかの補充調査が必要という結論になるのが一般である。

　通報者は弁護士のようなプロではないため、細大漏らさず事実関係を述べたつもりでも漏れはある。通報者が、調査担当者から「通報対象者が通報事実についてどのように弁解しているか」についての説明を聞いて、そこで初めて「通報対象者の説明はおかしいです。これは最初に言い忘れていたことですが…」というように、通報対象者の弁解を直ちに無力化することを述べるといったことは稀ではない。ところが、通報対象者調査を行った結果、通報対象者がことごとく通報事実を否認したケースで、通報者に通報対象者が「否認している事実や態様」を一度も確認することなく、つまり補充調査を行うことなく「通報対象者は全て否認している。通報対象者が嘘を吐く動機も見当たらない。

通報事実は存在しない」といった「君は正気か」と言いたくなるレベルの事実認定を大真面目にやっている事例も現に存在する。読者の皆様は驚かれると思うが、通報者が通報後「通報対象者はおそらく否認するだろうから、否認したら矛盾点を指摘しよう」と補充調査を待っていたら、3ヵ月経過して「通報事実はありません」という通知が届いたケースである。通報した本人なら瞬時に気付く通報対象者の弁解の矛盾点について、調査担当者が気付かないといったことはいくらでもあると考えるべきである。通報者と通報対象者を同席させてそれぞれ言いたいことを言わせるといった調査は原則として行わないので、調査担当者は両者の間をつなぐ存在として、双方の言い分を正確に伝えて、各々の反論を傾聴しなければならない。ところが先のケースは「通報者はこう言っているが、あなたの言い分はどうですか」で調査を終え結論を出している。民事訴訟でいえば、訴状とそれに対する答弁書（しかも、先の例ではこの答弁書を原告に見せない扱いとなっている）で判決を書くようなものである。

　通報対象者が否認することは、むしろ一般である。とりわけ問題となる言動について通報者と通報対象者しか知らない密室事案（多くのハラスメント事案）では通報対象者が通報事実を認めることは少ない。通報対象者が否認した事実やその理由について通報者に補充調査の場できちんと確認することが必要である。

　誤った認定がなされる調査はたいてい「なぜ、通報者に確認していないのだろう」「なぜ、この調査協力者の話を聴いていないんだろう」「なぜ、言い分が整合しない事項について確認をしていないのだろう」というように調査事項が積み残された補充調査を欠いたままの見切り発車で結論を出してしまったケースである。

4　聴取関係者が希望する聴取や証拠収集は原則として実施する

　通報者や通報対象者から「この人からも話を聴いてもらいたい」と申し出がなされる場合がある。

　この場合、明らかに事実認定を行うための事実の収集と関連性のない事項であれば別として、原則として聴取や証拠収集は実施すべきである。事実関係を一番知るのは当事者である。その当事者が「この人が、○○の事実を知ってい

るから聴いて欲しい」と申し出ているのにそれを無視するなどあり得ない。しかし、残念ながら「誰を聴取するかはこちらが決めること」と勘違いして、当事者の申し出を受け入れない調査担当者は存在する。

　私は聴取の際、必ず「この人ならこんなことを知っているんだけどなあ、という人いませんかね」と私から問いかけるようにしている。

　元々、私はこの問いかけは通報者に対してのみ行っていたが、「詳説不正調査の法律問題」（小林総合法律事務所）に接し（120頁：なお、同書の客観的資料の収集の記述は網羅的で非常に実用性が高い）、通報対象者にも問いかけるようにしている。

　なぜ、私が少しでも幅広く調査を行うかというと「事実」を知りたいからである。「事実」にたどりつくことで、その企業のリスク管理になるからである。

　例えば、ある支店で発生した事象が問題となっているときに、調査協力者という位置付けの支店の職員Ｂさんが「私は事実を知っています。ただ、私が供述したことが特定されることだけは勘弁して欲しい」と通報者に告げたとする。通報者から調査担当者に「Ｂさんが事実を知っています。ただ、私が供述したことが明らかになることは困ると言っています」と申し出があった場合、読者の皆さんはどのように対応するだろうか。

　「こんなの簡単です。支店のメンバー全員に調査をかければいいんです。Ｂさん以外はダミー調査です。もちろん、Ｂさん以外のＣさんやＤさんから『私も知っています』と言った新事実が出てくればめっけもんです」という回答になるであろう。

　このように、こんな簡単な調査で済む申し出すら調査担当者が無視するといったケースも実際にある。後日談として結局、調査を心待ちにしていたのに調査を受けることのなかったＢさんは「これでこの支店の問題に遂にメスが入ると思って待っていたのに結局何もやってくれないんですね」と通報者に述べている。会社が内部通報制度に対する不信感の種を撒いた反面教師事例である。

　ちなみに裁判例においても調査義務を尽くしていないとして調査した側に対する損害賠償が認められた次のような事例（東京地判平成25年6月6日労判1081号49頁）もある。

○事例概要（判示事項）

　被告Ｙが原告Ｘに対する停職処分の対象とした72回にわたる出勤時限に遅れたとの事実および71回にわたる出勤記録の出勤の表示への修正指示の事実は、Ｘが出勤時限に遅れたことは一定の回数あったことが認められるに止まり、その回数や日付を具体的に特定することが困難であり、また、具体的な修正指示があったことを認めることは困難であるから、本件停職処分は、その根拠となる主要な事実の存在を認めるに足りず、違法な処分として取り消されるべきであるとされた例

　Ｙが本件停職処分に至ったのは、Ｙの担当職員がＸの弁明にもかかわらず、その職務上通常尽くすべき調査義務に違反して、漫然と本件停職処分の根拠となる72回の出勤時限の遅参と71回の出勤記録の修正指示を認定したことにあり、また、本件停職処分の公表も、Ｙが通常尽くすべき調査義務に違反して、漫然と本件停職処分が行われたことによるものであるとされ、本件停職処分に伴う減収分および慰謝料等386万1,239円の支払いが命じられた例

5　聴取の大枠として押さえておくべきこと

①聴取の時間

ａ）通報者に対しては原則50分

　チェックリストには、「1回の面談時間は50分程度が適当」とある。しかし、調査を実際に経験したことのある人なら容易に理解できることだが、実際には50分で聴取を終えることはとても難しい。また、通報者にとっても、50分で聴取を切り上げて日を改めて別の日にといった対応が必ずしも最善とは限らない。一度で終わらせて欲しいと希望する通報者は多い。ただ、50分に一度の割合で休憩を入れることについてアナウンスしておく必要はあるし、休憩に入るタイミングで通報者に対して「ここで一度区切りますが、休憩後に再開することは可能でしょうか。あなたの心身の状態を最優先したいと考えておりますので、あなたが日を改めてということであれば、こちらはそのように対応いたします」といった確認をとっておく必要はあろう。

　聴取者が真摯に聴取している面談の場であれば、通報者はむしろ「最後まで聴いて欲しい」という気持ちが優るからと思われるが、私の経験では続行を拒

否した通報者はいない。また休憩そのものを「必要ありません。続けてください」と不要だとする人も相当数いるのが現実だ。

　泣いている女性通報者に対し、休憩をはさまず聴取したケースについて仄聞したが、私なら50分経過時の休憩など関係なく、聴取開始早々であったとしても女性が落ち着きを取り戻すために必要な時間をおく。泣かないまでも、疲労感が滲み出た時点で私はストップをかけて休憩に入るようにしている。ことにメンタルヘルスで通院していると分かっている通報者に対しては、発問しつつも通報者の状態について意識して心を砕くようにしている。先のケースでは診断書を提出している女性が手持ちのティッシュペーパーを使い切ったことにも全く無関心のまま調査を続行したとのことである。これが現実なのである。通報者ファーストなど微塵もない調査担当者も存在するのである。このような調査では会社は真実に到底到達できず、どれだけのリスクを放置することになるのだろうと暗澹たる思いになる事例である。

　b）通報対象者も50分
　通報対象者の聴取時間はどのように考えるべきであろうか。

　この点、通報者と異に考える必要はない。要は生身の人間に対する聴取として、トータルでどのくらいの時間が相当か、休憩時間はどのくらいの割合が相当かという観点で考えるべきことだから通報者と通報対象者で取扱いを変えること自体おかしい。ただし、通報者は例えばハラスメント被害を受けた者といった立場の者が少なくなく、聴取開始時点で既に相当の精神的ダメージを受けていることがあるので、通報者が「今日はこの程度で終わりにして欲しい」と申し出れば、それに応じるべきであるが、通報対象者にはトータルで2時間程度は対応してもらうようにしている。もちろんお願いベースの話である。当初、私は通報対象者の聴取を50分で行うことは困難と考えていたが、事前準備によって簡単とまでは言わないが不可能なことではないと分かった。2時間超の聴取録を読むと、発問が重複していることが多かった。法廷での尋問に一人の証人対して2時間かけることは稀である。つまり、きちんと質問事項を整理して準備しておけば1時間以内で収まるのである。

　もっとも、通報対象者が「私はハラスメントの嫌疑をかけられздесь数日眠れない日が続いています。今日はここで終わりにしてください」と調査開始後1

時間も経過しない段階で申し出た場合どうすべきだろうか。

そこで中断すべきである。

不調を訴えているなら、その訴えが虚偽かどうか医的知識がない私には判別できない。そうであれば健康面を最優先するという選択しかない。

少し特殊な事例かもしれないが、通報対象者に聴取開始15分後に通報対象者から「妻からの電話です。出てもいいですか」と問われ「どうぞ」と返したところ「妻が破水したという連絡です」といったケースがあった。瞬時に聴取を終了したことは言うまでもない。企業のリスク管理より重要なことはある。人の命や健康である。

通報対象者の「1時間程度で本日の聴取は止めて欲しい」などという申し出につき合っていたら事実にたどりつけるのかという疑問に対しては、「たどりつけます」という答えになる。繰り返しとなるが、調査する側がきちんと質問事項を準備しておけば事実に必ずたどりつける。

「たどりつけない」と考えるのは、調査担当者が通報対象者との間で「あなたは○○と言ったのではないですか？」「私は言ってません」「本当ですか？言ったのではないですか？」「ですから言ってません」といった問答が膠着する場面を想起して、徒に時間が経過することを危惧するからではないかと思われる。

「言ってません」と言っている人に2時間粘り強く「本当のところはどうなんですか。実は言ったんでしょ」と問うても「言ってません」という答えは変わるはずもない。

丁寧に粘り強く対応しても通報対象者が否認し続ける場合に、狭い部屋で大人数で通報対象者を取り囲み、長時間の聴取を、時に声を荒げるなどして行えば、その圧力で「調査担当者側が欲する事実」にたどりつくことが少しは容易になるかもしれない。しかし、そのような姑息な手段で事実への到達を試みるのは前近代的な調査であって令和の時代には完全にアンマッチである。

先の「言った・言わない」で膠着してしまった場合の対応法については後述するが（4章5項1③参照）、通報対象者に対しても、丁寧に発問するだけでなく、圧をかけたと受け止められるようなことは一切行なってはならない。圧などかけなくても適正な調査によって事実を究明するのが本来の内部通報調査である。

第4章

内部通報制度の実践手法①聴取・調査

②聴取の場所

チェックリストには「1．相談者のプライバシーが確保できる部屋を準備しましょう」とある。

私の都内にある事務所で応対すれば通報者の秘密が漏れる可能性はないが、私が内部通報のサポートをしている会社は都内に限らないということと、都内の企業でも事務所まで出向く時間を考慮して、会社の近隣の会議室を借りるといったこともしばしば行われる対応である。

なお、私の事務所で通報対象者の聴取を行うことは、通報対象者は敵陣に乗り込むような決意をしてしまう（私自身は事実認定を終えるまではニュートラルであるが）ことがあるので避けるようにしている。

ホテルの部屋を借りての聴取も仄聞したことがあるが、客室の定員オーバーの利用という問題が生じるのでこれはやってはならない。あくまでホテルの会議室を借りて実施すべきである。

事業者の規模によっては、会議室費用の予算確保が厳しいという場合もある。どうしても会議室利用や確保が難しいということであれば、動線や呼び出し時間に十分配慮して、社員に「あいつ弁護士がいる部屋に呼ばれたぞ」といったことにならないように十分配慮する必要がある。さらに、休日出勤扱いで休日に聴取を行うといった手法もありうるところである。

部屋の大きさは、広い部屋と狭い部屋を選択できる場合、広い部屋を選択すべきである。少しでも圧を緩和するためである。これは通報対象者に対するときも同様である。

私は過去に調査班の社員から通報対象者聴取の際に「会議室、大小いずれも空きがあるんですが、狭い方は8畳を割るくらいです。警察の取り調べも凄く狭い部屋でやるそうじゃないですか。やっぱり狭い方がいいですよね」と問われたことがある。

私は「内部通報における調査はね、警察の取り調べとは異なります。聴取を受ける人にとって快適な環境で聴取を行った結果、問題となる行為を実行したことを認定できないなら、それはこちらの準備不足。そんなことを気にかけてる暇があるなら資料きちんと読みましょうよ」と回答している。

③聴取の人数

　ａ）チェックリスト２

　狭い部屋で、聴取を受ける一人を大勢で取り囲むのはプレッシャーとなりかねないので避けなければならない。

　聴取する側は基本的に最大で３名が適切である。

　内訳は、弁護士が発問者の場合、その事案について精通している社員が１名、記録係が１名である。本来であれば記録係もどのみちICレコーダーで録音をとり、それを反訳業者に出すことになるのだから今後はその必要性が問われることになるかもしれない。いずれにせよ数の優位で押し切ろうなどといった中味と関係ないところで勝負するのは不適切な手段と肝に銘じるべきである。

　ｂ）女性通報者聴取の際の女性の同席

　チェックリストには「できる限り、相談者が女性の場合は、女性の相談者も同席できるようにしましょう」との記述がある。女性の通報者に対しては女性社員を同席させることは広く浸透しているように思われる。

　しかし、女性社員を同席させる意味についてきちんと理解しておかなければならない。女性社員を同席させるのは、チェックリストに書いてあることを当社は履行していますというアリバイ作りのためではない。

　私は女性の通報者から「女性が同席していたけど、私がボロ泣きして手持ちのポケットティッシュがなくなっても、同席した立会人の女性にも何も気に留めてもらえなかった。ティッシュペーパーが切れても泣き続けている私を気に掛けることもなく、聴取を平然と続けられる感覚ってどうなんですか」と指摘を受けたことがある。

　女性を対象とする聴取の際に女性を同席させる意味については各社、その趣旨からきちんと考え直すべきである。「通報者ファースト」という軸がないからこのようなことが発生するのである。

　ｃ）通報者が１対１の聴取を希望した場合

　１対１の聴取は基本的に避けるべきである。

　１対１では、それこそ「調査担当者からハラスメントを受けた」といった事態が生じないとも限らないからである。

しかしながら１対１で初回の面談聴取を始めなければならない場面は少なくない。例えば、私が電話でファーストコンタクトとしての通報を受理した際に、私は通報者の信頼を獲得すべく真摯に対応するように努めているが、その結果「最初の面談は弁護士さんと１対１でお願いしたい」という展開になることはかなりの確率である。

　そのような場面において「面談の場には会社の人の同席が必要なんです」と対応して納得してもらえればよいが、「１対１での面談をいただけないのであれば今後の調査は結構です」という展開も起こり得る。１章で説明した通り、せっかく勇気を出して通報してくれたのである。これはなんとしても避けたいところである。目の前に会社のリスクがあるかもしれないのに、そのリスクに触れる機会を閉じることは少なくとも私にはできない。したがって、私は１対１の面談に応じる。しかし、通報者が入室する前に先に入室してICレコーダーを回して録音することにしている。通報者が入室したら最初に「この面談のスタートからエンディングに至るまで大事なお話を伺うことになるので録音を録っています。既にレコーティングになっています」という説明を行うこととしている。通報者が入室する前に既にレコーディングとするのは、「入室するや森原弁護士に非礼な発言があった。録音には入っていないが、録音前に問題の発言があった」という最悪の事態の発生を想定してのことである。通報者のキャラクターがほとんど分からない初対面の時点では最悪を想定すべきと考えている。聴取を終え、通報者を見送ったうえで、「○時○分通報者を見送ったので録音を切ります」と自分で吹き込んで録音を切るようにしている。

　この対応が過剰反応ではないことは、私自身が経験していることである。さすがに「弁護士に暴言を吐かれた」といったクレームはないが、通報者が説明の最中に感情が昂ってしまうことはままあることで、突如号泣してしまうといったこともある。通報者が号泣した部分だけを切り取れば、私に不適切な対応があったのではないかと疑われても仕方がない場面である。そのような場面が発生しても、そこに至る私の発問が丁寧で穏やかなものであることが録音されていれば、私が対応の適切性を問疑されるリスクを回避できることになる。

6 聴取開始時の説明事項

チェックリストにも記載されていることであるが、聴取開始時には、相談内容の秘密が守られることと不利益扱いをしないことについての説明を行う。それから、今後の全体のおおまかな流れを説明する必要がある。

具体的には、まず、相談者のプライバシーを守ること、相談者の了解なく通報対象者に話をしないこと、相談によって社内で不利益な取扱いを受けないことを説明する。それから、相談窓口の役割や、解決までの流れ等の説明を行う必要がある。

私はファーストコンタクトを電話で受理した段階（メールで受理して私が電話をかける場合もある）でこれらの事項の説明は終えているが、もしファーストコンタクトの受理者がこれらの説明を行っていないときは面談聴取の最初に説明しておく必要がある。

さらに、私は以上のチェックリスト記載の説明事項に加え、次のことを説明するようにしている（以下の内容は、通報対象者にも同様のことを説明している）。

ⅰ）「体調不良等がもし発生あれば、遠慮なく言ってください」

企業のリスク管理以上に重要なのは社員の健康ゆえ当然のことである。

ⅱ）「私の質問の意味がよく分からなければ、遠慮なく確認してください」

通報者らの中には、質問の意味を確認すること自体許されることなのかどうかといったことについて悩んでいる人もいる。通報者ら自身で、質問の内容が分からない部分を勝手に推測して噛み合わない議論をすることは調査する側にとってもロスである。

ⅲ）「手帳やスマートフォン画面等を記憶喚起のために確認したいときがあれば遠慮なく申し出てください」

前項と同様、通報者らは「調査中に手帳を見て良いのだろうか」といったことを悩んでいる人もいるからである。

ⅳ）「通報者の手控えは閲覧可能です」

私は、第一回面談聴取開始までに予め問題事象について通報者自身で一度まとめるようお願いするので、それを事前にメールで送ってもらうこともある。私がお願いしなくとも、事実関係を整然とまとめた資料をメールに添付

して送信してくる通報者も存在する。そのような性質のペーパーであるから通報者や調査協力者がそれらを閲覧することは全く問題ない。

　これに対し、通報対象者が手控えを用意してきたときは基本的に手控えの閲覧は認めない。なぜなら、通報対象者には防御のための真実ではないシナリオを用意する動機付けがあるからである。しかし、事案が入り組んでいて時系列等整理したものを見ながらでないと正確な供述ができないという事案もあるので、そのような場合は、手控えのコピーをその場でとって私もそれを確認しながら聴取するようにしている。

　以上の４項目は、調査を行う側からすれば当然のことで、改めて説明することの意義に疑問を感じるかもしれないが、通報者にとって調査を受けるということは基本的に初めての経験となることに思いを致すべきである。

　ここでも「通報者ファースト」の意識が効いてくることになる。

　なお、担当者によっては、通報対象者だけでなく、通報者の手控えの閲覧に難色を示す者もいるが、それは裁判の人証調べと混同しているからである。裁判であれば、訴状が提出され答弁書が提出され、主張の応酬の後、証拠調べに入る。裁判所の立ち位置は原告・被告ともに等距離である。また人証調べの際に手控えを見ながら証言するといったこともない。

　これに対し、内部通報制度では、通報者（裁判でいえば原告）に「気が付いたらどんどん通報してください」と会社から促しているのである。かつ、会社からすればリスク情報収集の重要な機会であるから可能な限り正確に問題事象とされる事案の詳細を確認したい立場にあるのである。だからこそ、通報があれば、書面主義ではなく必ず通報者の話を丁寧に聴取するのである。

　内部通報制度の調査においては、通報を受け付けた段階で通報者の話を丁寧に聴取するが、裁判手続で訴状が提出されたからといって、原告から先行して詳細な事情を聞くなどということはない。

　裁判における人証調べと内部通報制度の聴取は、人の供述から認定材料を収集するという点では似ているが、その前提として会社はリスクを早期に発見するために通報を欲するという能動的な立場にあるのに対し、裁判はあくまで当事者主義が支配する受動的な手続なのである。したがって、裁判で手控えを見ながらの供述が認められないからといって、内部通報調査で手控えの閲覧を

認めない理由にはならない。

　実際に手控えの閲覧を認めたからといって、私は弊害を感じたことは一度もなかい。

　また、裁判と内部通報の区別ができていない弁護士が調査を担当すると、「そんなことは質問してない」とか「それ以上は結構です」などと言って、調査関係者の発言を制限する等を平気で行うことになる。調査関係者が意見を述べると「ここは議論する場ではない」などと言って通報者の発言を封じることすら行う。

　「ご足労様です。大変な思いをされたそうですね。どうぞお聞かせください」という態度ではなく、「何が納得できないことがあるんだって。聞いてやろうじゃないか。忙しいんだから端的にお願いしますよ」といった態度を、疑問も持たずにとることとなる。

　言うまでもなく、このような態度は通報者ファーストではなく、通報者が非常に発言しづらくなるだけでなく、制度の信用性も失うのでこの点は重要なポイントになる。

7　通報者から近親者の同席を求められた場合

　通報者が配偶者の同席を求めてくることは多い。とりわけ心療内科に通院中であったり、診断書が発行されている通報者からの近親者の同席を求めるリクエストは珍しくない。

　この場合、当然同席を了解することになる。通報者が安心して話ができる環境をつくるのは企業側の責務である。繰り返しになるが、通報者の健康が最優先である。

　ところが現場を知らない調査担当者に限って「同席は遠慮願いたい」などといった愚かな対応をすることになる。何を危惧しているかというと「配偶者が被害に遭ったことでいきり立ったパートナーが激昂して収拾がつかなくなるかもしれない」といったことである。私は例外なく同席を認めている。パートナーは、心のうちに会社に対する怒りは秘めているかもしれないが、皆さん大人であるから問題のある対応はしない。私は、「私が奥様に聴いていることについては奥様から回答いただきたい。だから基本的に御主人が割って入って奥

様に代わって回答するということは避けていただきたい。御主人から申し述べておきたいことがあるならば最後に必ず時間をとりますのでそこでお話をお聞かせください。実は、会社も御主人からきちんとお話を伺わなければと考えておりました」と伝え、実際にその通りの進行を行うことで問題なく聴取を終えている。

うつ病となった女性社員の配偶者が、職場に直接電話をかけて上司に罵倒といっても良いレベルのかなり厳しい言葉をぶつけたケースにおいて、その御主人が、私の事情聴取時に同席したケースもあったが、場が荒れることは全くなかった。

それどころかこのケースで御主人の同席は、心療内科に通院している奥様の様子を一番近くで見ている立場の方の同席となるわけであるから、事情を良く知る第三者としてこちらから積極的に話を伺わなければいけない場面とさえ言える。

8 通報者らから弁護士の同席を求められた場合

刑事事件手続の取調べですら弁護人の立会は認められていないのだから、私企業が企業秩序維持の観点から実施する内部通報調査の場に弁護士の同席を遠慮いただきたいと考える気持ちは分からなくもない。より直截に言えば企業側には「弁護士が介入することでかき回されたくない」といった心情があるのではなかろうか。

たしかに、上記の通り、近親者の同席は主として通報者らの健康面に対する配慮から認められるものであるが、弁護士の同席にそういった側面はない。

もっとも、弁護士の同席要請が生じる場面の多くは、通報対象者聴取に際してということになるだろうが、通報対象者が「弁護士同席でないと聴取を受けることはできない」と述べたからといって、調査拒否と扱い、通報者の主張を全て認めたものとしてその後の認定を進めるというのも現実的ではない。

このようなケースで、私は通報対象者に了解をとったうえで弁護士に直接連絡して「当然のことながら誘導尋問や誤導は行わないし、現時点で通報対象者に不正があったと決めつけているわけでは決してなく、通報対象者の認識する事実を収集する場と私は認識しているので、通報者を非難したり叱責すると

いったことも一切ない。貴職と通報対象者は調査の前後にしっかり打ち合わせしていただくということで了解いただけないか」と同席を遠慮いただきたい旨を丁寧に説明して理解を求めている。了解してくれる弁護士もいれば了解してくれない弁護士もいる。

　了解してくれない弁護士には「それでは、同席は認めるが、通報対象者を調査している際の介入はご遠慮いただけないだろうか。もちろん私の発問に、誘導や誤導といった看過できない発問があれば、それを指摘することまで否定しないし、私もそのような発問はしないよう注意している。貴職の発言の機会については調査終了後に必ず確保する」と妥協点を模索するように努めている（このケースは「そこまでおっしゃるなら森原さんにお任せしましょう」と、実際に弁護士が同席することはなかった）。

　私は、弁護士が同席する場面を実際に経験したことはないが、同席を認めた結果、残念なことに、制止も聞かずに弁護士がまくしたてるといった状態になれば、調査の主宰者として調査を中断して退席をお願いする必要があると思われる。その後、改めて別日程で通報対象者の調査をお願いすることになるが、その際の弁護士の同席については、前回の調査不能になった原因が弁護士にあることを根拠にお断りすることになる。通報対象者がそれでも弁護士の同席がなければ調査に応じないということであれば、調査拒否として扱い、それまでに収集した資料で事実認定を行うことになる。その認定について異議が出されても、きちんと機会提供をしたのにそれに応じなかった通報対象者にとって不意打ちにはならないとして対抗できるものと考える。

9　通報者らから録音・録画を求められた場合

　内部通報制度は、会社のリスクを管理するための仕組みである。したがって内部通報制度のまな板に乗った情報は、会社がリスクとしてきちんと管理しなければならない情報である。この情報を会社のごく限られた内部通報調査班以外の者が自由に取り扱うことができる状況は看過できない。よって、通報者らから録音や録画を求められた場合には、「会社できちんと管理すべきリスクなので、会社が管理できないあなたのレコーダーに情報を残すことはできません。録音・録画はご遠慮ください」と伝えることとしている。

しかしながら、今の時代、通報者らが調査担当者に気付かれることなく録音すること自体技術的に可能である。よって、調査する側は、録音されている覚悟で調査に臨むべきである。一度など、聴取の状況を外部の支援者にライブ中継しようとした通報対象者すらいた。未然に阻止することができたが、そういう時代である。

　私がサポートしている企業に現時点で推奨しているわけではないが、私は今後は会社側が聴取状況を録音のみならず録画までしておくべきではないかと考えている（ほとんどの企業が録音は録っているが録画まで録るべきである）。完全にフェアで問題が微塵もない聴取を行っていることを企業側が自ら宣言するためである。企業が不適切な調査を行い、それが人権侵害になりうる場合、相談者は厚労省の総合労働センターに申告することができるが、その場合、企業側は録音や録画の提出を求められることになる。そのような場面も視野に入れたうえで、恥じることのないフェアで無用な圧力をかけることのない調査を企業は行うべきである。

日を改めての対面による通報者聴取

①ファーストコンタクト（第一報・通報受理）を受けたのちに、②アウトライン（事案の概要）の聴き取りをして、③主幹部門との連携したのちは、④通報者からの日を改めて深掘聴取の機会を持つことになる。

先にチェックリストの中の第5項のNG発問部分をピックアップしたが（4章1項4⑤）、チェックリストの全体像は次頁の通りである。

1 通報者ファーストの傾聴を再度意識する

社内で通報内容等を共有できる者が確定後、まずは通報者の聴取を行うことになる。この聴取がその後の調査のフレームを決定付けることになるので、丁寧に実施しなければならない。チェックリストは通報者ファーストという視点でみてもとても有益なものである。チェックリストの各項目は、調査担当者が「こんなこと常識」と受け止めるのではなく、真摯に受け止めるべき内容が網羅されている。

「『パワハラを受けるなんて、あなたの行動にも問題（落ち度）があったのではないか』と相談者を責める」という厚労省の示す例示のような発問は当社ではあり得ないと考える企業は多いと思われる。このような「あなたの行動にも落ち度があったのではないか」というある意味極端な例示に目を奪われるからそのような捉え方になるのである。「あなたの行動にも落ち度があったのではないか」というように直球でNG発問をすることはそれほど多くないとしても、調査担当者の言葉の端々から通報者が「責められている」と感じる発問になっていればNGなのである。ゆえに、より広く「通報者を責める」聴取になっていないかという観点で自社において適正な発問がなされているかを検証すべきである。裁判例においても、通報受付窓口担当者がハラスメント相談に対して「通報対象者はそんなに悪い人ではない」という意識に充ち満ちた対応をしたがために、受付担当者への損害賠償請求が認められた裁判例すら存在する。

＜相談窓口（一次対応）担当者のためのチェックリスト＞

1　相談者のプライバシーが確保できる部屋を準備しましょう。
2　相談者が冷静に話ができるよう心がけましょう。
　　できる限り、相談者が女性の場合は、女性の相談担当者も同席できるようにしましょう。
3　相談内容の秘密が守られることを説明しましょう。
　　相談者のプライバシーを守ること、相談者の了解なく行為者に話をしないこと、相談によって社内で不利益な取扱いを受けないことを説明しましょう。
4　相談対応の全体の流れを説明しましょう。
　　相談窓口の役割や、解決までの流れ、会社のパワーハラスメントに対する方針（パワーハラスメントは許さない等）等の説明をしましょう。
5　相談者の話をゆっくり、最後まで傾聴しましょう。
　　1回の面談時間は、50分程度が適当です。
　　相談者が主張する事実を正確に把握することが目的ですので、意見を言うことは原則として控えましょう。
6　事実関係を整理し、相談者とともに確認しましょう。
　　いつ、誰から、どのような行為を受けたか、目撃者はいたか等を整理し、パワーハラスメント相談記録票に記入しましょう。
　　証拠書類（手帳や業務記録など）があれば、コピーし保存しましょう。
7　人事担当部署などに相談内容を伝え、事実関係を確認することや対応案を検討することについて同意を得ましょう。
　　相談者が行為者や他従業員からの事情聴取を望まない場合は、確認ができなければ、会社としてこれ以上の対応（行為者への指導や処分等）はできないことを説明しましょう。
　　相談者の意向を尊重して対応しましょう。

※　相談者から「死にたい」などと自殺を暗示する言動があった場合には、産業医などの医療専門家等へすみやかに相談しましょう。

出典：厚生労働省（一部加工）

　裁判所（横浜地判平成16年7月8日判時1865号106頁）は、セクハラ行為者（A係長）のみならず救済窓口の担当課長（B課長）の不作為について賠償責任を認めた。

　以下、裁判例の一部を引用するが、この裁判例は「同課長のそのままの発言内容は」として、救済窓口の担当課長の発言を多々引用している。「実際に、このような対応をする窓口担当者はいるかもしれないな」と感じさせる内容である。

　B課長は、A係長の性格は知っており、少々頑なところはあるかもしれないが、ゴーイングマイウェイタイプで、嫌がらせをしているということはないと思うなどと述べた（同課長のそのままの発言内容は、『あなたの感じ方と私の感じ方が違うか分かんないけど、A主幹と10年ぐらいずっとやっているんで、ある程度性格は知ってるつもりだけど、あんまり嫌がらせなんかをする陰湿なタイプじゃないことは確かなんだよ。ただ、あなた、えーね、一回そう思うとなかなか思えないかもしれないけど、その私なんか10年ぐらい一緒にやったのを含めて、えーこういう仕事をやってて嫌がらせをやるなんかっていうタイプじゃないんだよ。ゴーイングマイウェイのタイプなんだよ。えーたぶんね。いまだにパソコンを入れないのは、多分いま、A主幹だけじゃないかな。ゴーイングマイウェイタイプなんだよ。で、その、ただ、うーん、そういうちょっと頑なところはあるのはね、あなたの思ってる通りかもしれない。ただ、嫌がらせっていうのは、無いと思うよ。だから、そういうふうに思うかもしんないけども』というものであった）。

　この裁判例でB課長はA係長の聴取を行っている。行ってはいるものの、B課長はA係長は嫌がらせをやるような人物ではないことを、通報者に対して異常なまでに力説している。

　このような発言を窓口担当者が行えば「こんな窓口に相談したってまともな調査や認定は期待できないな」を通報者が思うのも止むを得ないことである。裁判所の判断は、セクハラ行為者のA係長は金120万円の賠償責任を、B課長は金80万円の賠償責任が妥当というものであった。セクハラを行った者の賠償責任の3分の2の賠償額を受付窓口担当者が負わされているのである。受付窓口担当者の職責の重要性、責任の重さを実感させる判断といえよう。

通報者のファーストコンタクトを受けた段階でチェックリスト記載事項の一部（3項の守秘義務と不利益扱いの禁止・4項の全体の流れ）を既に説明済みということもあるので（4章2項6）、日を改めての面談時にチェックリスト通りの説明を行うわけではない。しかし、「相談者の話をゆっくり、最後まで傾聴」という第5項については、4章1項4⑤で説明した通り、常に留意して聴取するようにしている。

　また、私は、チェックリストにはないが前述の通り（4章2項6参照）「聴取の際に、スマホや手帳で日時等を確認したいときがあるかもしれません。遠慮なく申し出てください」「具合が悪くなったりしたり、その他にもトイレに行きたくなったりとか、とにかく気になることがあれば遠慮なく申し出てください」といったことも最初に説明することとしている。「手帳を確認しないと分からないことなら『手帳を見ていいですか』と普通言うだろう」といった考え方は通報者ファーストの考え方ではない。通報者にとっては「内部通報調査」という厳格な儀式に初めて参加するのである。「そういうことを聞いてもいいのだろうか」と考えてしまうのがむしろ一般と考えて、行動するべきである。

　チェックリストの項目は基本である。しかし、残念ながらこのレベルの基本的な事項も理解しないままの酷い調査が行われることも事実として存在する。チェックリストにも明記してあることだが（第5項）、調査の場を調査担当者の意見発表の場だと勘違いしている調査担当者はいる。先の裁判例のB課長などは、自分の意見や感想を滔々と語っているが、通報者には不信感しか生じないだろう。そのような聴取は会社に何のメリットももたらさないどころか、デメリットでしかない

　せっかく、会社の中でどのようなリスクが発生しているかを通報してくれているのに、それをことごとく潰しているにすぎないからである。その結果、内部通報制度が導入されているにもかかわらず、リスクの塊の問題人物が会社で自由に泳いでいるといった最悪の状況を気付かないのは会社だけ、といったことも実際に起きうることである。

　このような事態にならないためにも、チェックリストの項目の理解を深めておく必要がある。厚生労働省からの各種リリースは、多くの実例を踏まえたうえでのベストプラクティスであるから、是非虚心坦懐に読み込み、聴取の際に実践されたい。

①上手に説明できない通報者の場合

　繰り返しになるが、通報者聴取は、チェックリスト（第5項）にもある通り「相談者の話をゆっくり、最後まで傾聴しましょう」という場面である。ここを理解していない聴取担当者は、傾聴などという姿勢は皆無で「そんなことは聞いてない」「なぜ答えられない」などといった唖然とする発言（ほとんど暴言といってよい）すら行うことがある。通報者聴取の基本姿勢は「傾聴」である。ある意味何を聴くかということについて準備は不要である。通報者聴取はどれだけ白紙の心で聴けるかどうかが全てである。ただし、通報に関するメール等の物証は暗記するに近いレベルまで読み込んでおく必要がある。

　通報者の話を聴いている中で、調査担当者にとって無意味と思える事項を通報者が語っていると感じることもあるだろう。その場合には「そんなことは聞いてない」ではなく、「あなたの言いたいことはこういうことではないですか」といった整理を行ってあげればよい。細かな日時について説明できない場合には、「なぜ説明できない」ではなく「何月頃のメールを見ればいいですかね。たしかにあなたが話していることについてのやりとりがありましたね」と言って調査担当者の持っている分厚いメールファイルから該当箇所を一緒になって探してあげればいいのである。もっとも「何月頃のメールを見ればいいですかね」といった質問は、事前準備として物証をきちんと読み込んだ調査担当者でなければできない。通報に関する資料を読み込んでない調査担当者の職務怠慢を、通報者に対して「なぜ説明できない」などと責任転嫁する方が恥ずべきことである。

　目の前にテーブルと調査担当者しかいない緊張状態におかれた通報者に想いを致すべきである。先のような調査担当者としてのNGワードは通報者を萎縮させるだけであって、調査担当者自らが事実を遠ざける結果を招くことになる。

②通報事実が多岐にわたる通報者対応

　非常に多岐にわたる通報を行う通報者もいる。例えば、上司から3ヵ月間に受けた通報者が問題と感じる上司の言動を20以上通報するといった場面もある。聴く側としては、時系列にそって「なるほどそれは問題がありそうだな」という簡潔明瞭な話を20件聞くのはそれほど大変なことではない。

　ところが、実際にそうはならないことが少なくない。例えば、20件の通報者

が考えるところの「問題ある上司の言動」について1番目のエピソードから聴くことになるが、順番に7番目までのエピソードを聴かせてもらっても「はて、何が問題なんだろう」という話が連続することがある。「このような問題点がはっきりしない話が延々と続くのはちょっとまずいな」と感じ始めたときに8番目のエピソードとして「この言動はかなり問題があるな」と気持ちが引き締まる話が登場し、そこからまた延々と「何を問題視しているのかよく分からないな」という話が続き、とうとう20番目のエピソードまでそのレベルの話が続き、通報者が最後に「酷いと思いませんか」と話を締めるといったケースである。

この聴取は非常につらい。

しかも時系列に沿って話をしているのかと思って聴いていたら、時系列に逆行する話が普通に紛れ込んでいるといったこともあるから調査担当者としてはますます混乱することになる（というより疲れる）。

このようなケースで怖いのは、先ほどの例でいうと20件のエピソードのうち8番目以外はそもそも問題視する余地がなさそうだといった場合に、問題として採り上げるべき8番目のエピソードが、それ以外の疲れの素となる19件で水割りされてしまうことである。つまり、問題となりそうな1件（8番目）についても「癖のある通報者だからなあ」と曇った目で見始めてしまうことすらあるのである。実際に私はこの種の経験は何度もある。

ただ、こんなときこそ冷静に受け止めなければならない。「内部通報の受付窓口というのは辛抱と忍耐を求められる務めなのだ」と自分に言い聞かせて欲しい。私は、通報者の話を聴き始めて10分で分かる。「この人の話は辛抱と忍耐を持って聴かなければならない話になるだろうな」と。その後はイラつく自分の気持ちを抑えることに徹しなければならない。間違っても「えーっ、今のお話って、さっきのお話より1ヵ月前のことなんですか（早く言ってよー）」などと対応してはいけない。通報者が委縮するからである。調査担当者は調査のプロである。対する通報者は被害に遭ったかもしれない人で、調査に応じることについてもプロではない。調査担当者がプロとして余裕を持って対応すべき場面である。さりながら、私でさえ意識的に「自分を抑えよう。イラついちゃダメ」と心の中で言い聞かせているくらいであるから、相当ストレスを感じる調査担当者も大勢いると思われるため、敢えて「辛抱と忍耐」ということを記

した次第である。

2　通報者が転職準備をしているときの対応

　ファーストコンタクトの際の通報者聴取は通報事実のアウトラインを確認することに傾注するため、通報者も切り出さないことが多いが、日を改めての本格的な聴取の過程で、突如、「実は転職活動を始めています」といった話が出てくることもある。

　社内のコンプライアンス上の問題に直面したとき「こんな会社どうにでもなれ」という思いで、コンプライアンス上の問題に口をつぐんだまま転職してしまう者もいれば、内部通報制度を利用して、きちんと通報したうえで並行して転職活動を開始する者もいる。

　後者の社員については、場合によっては転職後も追加聴取等の協力を求めなければならなくなることもある。しかし、実際に転職が決まれば、次の会社の仕事のことで頭はいっぱいで、前職のコンプライアンス問題にはかかわりたくないという気持ちが強まることは少なくない。例えば、「実は転職が決まりました。今まで各種調査ありがとうございました。でも、通報者である私としては調査はここで打ち止めとしていただきたい。お世話になりました」というメールがいきなり飛び込んできた場合、どのように対応すれば良いだろうか。

　このようなメールが届いてから通報者に継続して協力することについての理解を得ることは少々ハードルが高い。しかし、通報がなされる前の会社がリスクを認知していない時点でのリスクは、その通報者固有のリスク（会社はまだ知らないが、上司からハラスメントを受けており、日々の業務がつらいといった状況）と評し得るが、ひとたび内部通報制度を利用した以後は、そのリスクは個人のリスクに留まらず会社のリスクとなっている。したがって、会社としてリスクを認識した以上は、通報者の一存で調査を中止するといった対応は採り得ない。そこで、「現状、会社はあなたの通報事実を会社のリスクとして認識している。したがって、リスクがそこにあることを認識しながら調査を中止することはできない。あなた個人のリスクから会社のリスクと変容したことを是非理解いただきたい」と説得に努めることになる。

　このような事態にならないように、通報者からの最初の聴取に先立って、

「調査中に調査中止の希望が出されても、内部通報制度を利用したことによって通報事実は会社のリスクとなった以上、会社は調査中止の希望には応じられないことがあり、引き続き調査協力をお願いすることもあるが、その旨何卒ご理解ください」と説明を丁寧に行うことも一つの有効な方法だろう。

3 聴取を負担に感じて通報を取下げたいと申し出があった場合

　前項の転職事例のバリエーションとも言えるパターンである。会社に今後も在籍するので、非在籍者への協力要請よりハードルは低く見えるが、実はそう簡単ではない。この種の取下げ申立てがなされる原因は様々である。調査担当者は真摯かつ誠実に聴取を行っているが、ハラスメント被害の通報事例の場合等通報者が聴取の継続を精神的に耐え難いと感じてしまった場合等に取下げ申立てがなされることがある。「私は転職するからもういいです」といった取下げについては「大事なことだからもう少し考えて欲しい」といった話もできるが、「つらい」と言っている人への協力要請には、限界を検討しなければならない場合もある。

　ただし、調査担当者の調査が配慮を欠いたことを原因に通報者が聴取継続を耐え難いと申し出たときには、これは会社側の重大な落ち度である。このようなケースでは、通報対象者に傷つけられた可能性がある通報者を調査担当者がさらに傷つけ、会社のリスクともなりうる通報対象者を放置せざるを得ないことになってしまう。

　ハラスメント被害事案の通報において、通報者が通報を取下げると申告してきた場合に、「通報者はもういいと言っています。セクハラ事案ですから被害者の気持ちが最優先ゆえ無理はできません。内部通報調査は打ち切りとします」などと簡単に結論を出してはいけない。通報者の聴取後であれば、複数のコンプライアンス部門の関係者で聴取の録音を聴いて、聴取に問題がなかったかチェックすべきである。調査担当者にて細心の注意を払って聴取した結果の通報者の取下げ申請であれば、それは仕方ない。調査担当者が、通報者を「責める・断定する」といった要素のある聴取を行っていたのであれば、その担当者は失格である。部門として通報者にきちんと謝罪して、適正な聴取を行うことを約束して聴取の再開をお願いすることになる。

　調査のやり方に問題がなかったかの確認は、ハラスメント事案に限らないが、ハラスメント事案はハラスメントされたことで通報者が精神的にまいっていることが多く、調査担当者のぞんざいな対応でセカンドハラスメントが発生することもあるので、より注意する必要がある。

4　通報者が通報対象者の処分を全く希望していないときの対応

　通報者が、社内で生じている問題を解決してもらいたいと思いつつも、通報対象者の処分は行わないで欲しいと通報時に希望することがある。

　このような希望の理由は様々である。

　「通報対象者に問題はあるが、通報対象者には家族もあり、そのことを思うと通報対象者が処分を受けることは忍びない」といった罪を憎んで人を憎まず的な理由。「通報対象者が処分を受ければ、そのことを根に持って必ず報復がある」といったお礼参りを怖れているという理由。「通報者としては今の状況（例えばパワハラが横行する職場環境）から離脱できれば（異動させてくれれば）それで十分。通報対象者とはかかわりたくない」といった、あまりに酷い職場環境に置かれているため、通報対象者の処分まで全く気が回らないという理由などである。

　いずれの理由であれ、会社が内部通報として通報を受理して調査を行った結果、会社としてのリスクが顕在化する可能性がある以上、通報対象者不処分を最初から約束しての調査はできない。

　ただ、通報対象者の家族を心配する感情は通報者の人生観にかかわる問題である。自分を虐げた人でもその人を赦すことができる「できた人」は思いのほか多い。そして報復を畏れる感情は、「報復などない」と言ったからといって簡単に霧散するものではない。とにもかくにも自身の安全を確保して欲しいといった感情は、追い込まれて視野が狭くなっている状況で生起する感情ゆえ、通報者が冷静さを取り戻すまでなかなか翻意できないものである。

　では、以上のようなケースに直面したときどうすべきか。

　私は、通報対象者の処分云々は、調査をきちんと行った後で出てくる問題であるから、通報受理の段階で「通報者処分を行わないことを前提とした調査はできない。調査の結果コンプライアンス上の問題が発見されれば、社内ルール

にそった処分を対象者に行わざるを得ない」といったことは決して言わない。

　通報者の心は固まってしまっているのだから、まずは通報者の心を溶かさなければ通報者の先の希望は覆ることはない。そこで、私は次のような言葉を通報者に投げかけるようにしている。

　「〇〇さん。詳細なリポートと証拠ありがとうございます。あなたが問題としている不正について、まずはきちんと調査しませんか。今、あなたからいただいた各種資料を拝見して『これは不正だ。あなたは被害者だ』などということを私は言えません。通報対象者からすれば、何の言い分も聞いてもらってないのに決めつけられた、ということになってしまいますよね。ですから、まずは私はきちんと調査を実施させていただきたい。調査の結果、通報対象者の不正があったとなった場合にあなたは通報対象者の処分を望んでいないというお気持ちはしっかり受け止めさせていただきました。ただ、あなたが困っていることはあなただけの問題ではなく、会社も困ることなんです。あなた以外に困っている社員もいるかもしれません。処分は決して報復ではなく、このような困ったことが繰り返されないようにするための有効な手段です。また、この会社は単に処分して終わりという会社ではありません。問題ある行動をとった人はきちんと会社という一つの社会の中で再起していただく必要があります。単に罰を与えて終わりにするつもりはありません。ただ、今の段階で、処分する、処分しないという結論を出すことを私はしたくない。調査を行う中で、あなたにとっても会社にとっても最善な選択は何かということを一緒に考えていきませんか。」

　（通報者を処分するだけではなく、きちんと再起してもらうという取組みに驚かれた読者もいるかもしれない。私がサポートしている企業における最先端の取組みである。詳細は6章3項2参照。）

　このような投げかけに対して、通報者が「では通報はなかったことにしてください」といった反応をすることはない。ひとまず調査を開始することについては同意してくれる。その後、調査準備のための具体的なやりとりが、通報者と私、通報者とコンプライアンス部門の担当者との間で始まることになる。そこでコンプライアンス部門の担当者や私の熱意（この時点では通報者を守ってあ

げたいという熱意ではない。真実をきちんと確かめたいという熱意である。後者の
熱意の方が公平・公正を背景に持つのでより熱量が高くなるのである）が伝わると
通報者の心は溶けてくる。私やコンプライアンス部門の担当者が、通報者の通
報を真摯に受け止めて真剣に調査を進めようとしていること、あるいは調査を
進めていることを身をもって知るにつけ、自らの通報対象者の処分は希望しな
いといった考え方は視野の狭い考え方であることを気付くに至るのである。

　通報者は内部通報制度について、良くも悪くも通報者なりのイメージを持っ
ている。それが調査の準備過程を共有することにより、少しずつ修正されてい
くのである。その結果、内部通報制度は会社が自らリスクを早期に発見し早期
に是正するための仕組みであることに思いが至り、最終的に「適正な対応をお
願いしたい」という着地となる。

　「処分は結構です」と通報者が発するのは、結局は、通報者からまだまだ信
用されていないということである。通報者の信用を獲得するにはそれなりの時
間を要する。「当社の内部通報は安全です。信用してください」といった言葉
で信用を獲得できるはずもない。ある意味、前出の通報者の3種類の想いは通
報者の誤解であるから、誤解を解くためには通報者に真摯に向き合うほかない
のである。

通報者面談の聴取後（問題把握後）に行うべきこと

　①ファーストコンタクトにて②通報事実のアウトラインを確認したうえで、③主幹部門との連携し、④日を改めての通報者聴取にてアウトラインをもっとしっかりしたフレームとなるまで肉付けを行い、通報事実の詳細が明らかになったとき、次に行うべきことについて論ずる。

1　通報対象者や調査協力者調査を開始するに先立つ事前協議

①絶対に弁護士まかせにしてはいけない

　私（つまり弁護士）が関与するケースは、受付窓口として通報を受理し、引き続き協議にも参加して調査も担当するといった形態もあれば、私の役割は受付窓口のみで調査は別の弁護士が担当するといった形態もある。このほかにも、前書きで述べた通り、私が受付窓口として受け付けた事案について社員が調査を行い、調査結果の評価・認定の場面で私がレヴューするといったケースもある。いずれの形態であれ、弁護士が調査もしくは協議に関与することになるが「弁護士が調査や協議に参加しているのだから弁護士まかせ」といった意識ではなく社員も主体的に協議や調査に参画しなければならない（調査は弁護士が行うとしても調査の態様や調査の内容について会社が監視する意識が必要になる）。内部通報制度が企業の存亡にかかわる制度である以上、手綱は主人公たる会社が握り主体的に関与すべきである。

　ハラスメント関連の著作を多数出版されている水谷英夫弁護士は「多くの企業では一応の相談体制はとりつつも、現実にハラスメントの訴えがなされた場合に適正迅速な対処ができず、かえって相談者の不信を招き事態を悪化させるケースがみられ、また弁護士などの法律実務家が、被害者若しくは会社から相談を受けた場合でも、適切な法的アドバイスや方針を伝えきれずにいたずらに時間を経過し、かえって事態の悪化を招くこともしばしば見聞きします」と指摘する（「第3版予防・解決職場のパワハラ　セクハラ　メンタルヘルス」）。

②調査の対象となる「人」「物」「調査の順序」「スケジュール」の決定

　丁寧な通報者聴取を経たうえで調査の対象となる「人」と「物」を決めることになる。

　まずは通報受理時に通報者から聴取した事案の概要から証拠として浮上する「物」があればその洗い出しを行う。電子メールや手帳等の文書、最近は社内のいたるところに（特に金融機関の支店）ビデオカメラがあるので、その映像のうち物証として価値のありそうなものを精査して早速収集を始めることになる。

　調査の対象となる「人」として通報対象者は当然外せないが、通報事実について事情を知る立場にある第三者（調査協力者）の人選を検討することになる。通例、通報対象者の調査の前に、関係する第三者を調査してから通報対象者の調査に臨むことになる。掘を固めて本丸へという方式である。なお、調査協力者の調査の際の留意点は次の項で説明する。

　この段階でおおよそのスケジュール感も決めておく必要がある。もとより、調査の結果、新事実や新証拠が出てくることもあるのでフレキシブルなスケジュールとなっても構わない。物の収集及び面談による通報者聴取、関係する調査協力者の聴取、通報対象者聴取の調査を構成する基本となる「物」と「人」の調査期間はもちろん事案の重大性・複雑さに関連するので一概には言えないが、通報者と通報対象者各１名、調査協力者２名程度の比較的シンプルな事案について、関係者全ての聴取を私は１ヵ月を目途として行うこととしている。その後主幹部門と協議したうえでの補充調査の実施と事実認定会議と報告書の起案に１ヵ月強とすることが多い。その通りにならないこともちろんあるが、何もスケジュールを定めないでスタートしてしまうと徒に時間だけ経過してしまうといった私自身の過去の反省に基づくものである。

　また調査が長期にわたるときは、通報者に対する１ヵ月ごとなどの定期的な中間報告も必要となる。調査を開始してから３ヵ月の間、通報者に何の中間報告もしていなかったケースがある。なぜこのようなことになるのか。通報者に想いを致してないからである。私は先のケースでコンプライアンス部門に対し「あなたが通報者だとしたとき、通報してから３ヵ月経っても会社が何も言ってこなかったら『私の通報は放置されているんじゃないか』と不安にならないでしょうか。通報者の気持ちを考えましょう」と注意した。

また複数の企業の内部通報制度のサポートを行う立場ゆえ認識できることだが、企業によって体感時間は様々である。先の最もシンプルな事案（通報者1名、通報対象者1名、調査協力者2名程度の事案）についての聴取に1ヵ月、認定と報告に1ヵ月強というスケジュールに関し、そのくらいのスケジュールを相当と受け止める企業もあれば、タイトすぎて無理だと受け止める企業もある。後者の企業は一度タイトなスケジュールを設定してトライするべきだ。実際に同種案件を相当のスピード感をもって対応できている企業もあるからだ。

　本書で繰り返し述べている通り、他社のレベル感を知る機会がないことは、内部通報制度の点検整備を行ううえでの動機付けを欠く大きな原因である。いつもやっている自社の調査のスピード感が、スピーディーに対応している企業から見れば亀の歩みということは実際にある。「そんなスピード感ではできない」と言われた場合には「やってみようともしてないのに『できない』と言うな」と私は言うことにしている。これはあくまで複数企業をサポートしている私の肌感覚的なものであるが、「スピーディー≒拙速」ということにはならないように感じる。スピーディーに対応する企業は、当該事案について期間が短い分、高い濃度で対応せざるを得なくなるから、結果として細かな部分の記憶が鮮明なうちの隅々まで目配りができた隙のない評価・事実認定になっていることが多い。間延びした調査をやる企業は、当該事案の処理の途中にその他の様々な業務が割り込んでくるので（スピーディーな対応をできる企業も、当該事案処理のみの専従というわけではないがプライオリティに関する意識は明らかに違う）、どうしても集中力を欠いてしまい、つまらない見落としが散見されるといったことが起きがちである。タイトなスケジュールを組んで、一気呵成に調査を進めることは精度の高い認定・評価にもつながるのである。なお、調査スケジュールに関連する消費者庁のＱ＆Ａ19（通報者等）を紹介しておく。調査の進捗状況の通報者に通知するよう努めることが必要だとしている。

Ｑ
　事業者に通報後、調査結果や是正結果の通知がなく、進捗状況が分かりません。どうすればよいでしょうか。
Ａ
　本法では、書面（電磁的記録を含む。）による通報を受けた事業者は、通報事

実に対する是正措置をとったときはその旨を、通報事実がないときはその旨を、通報者に通知するよう努めなければならないと定められています(本法第9条)。また、「公益通報者保護法を踏まえた内部通報制度の整備・運用に関する民間事業者向けガイドライン」においても、通報を受けた事業者は、調査の進捗状況、調査結果及び是正結果を通報者に通知するよう努めることが必要である旨が定められています。

このため、まずは、事業者に対し通報事案に関する調査の進捗状況を問い合わせてみるのがよいでしょう。

なお、通報者が、事業者に対し、調査の進捗状況等について何度問い合わせても合理的な理由なく回答がなく、実際には調査を放置していると認められるような場合には、その他外部通報先への通報の保護要件である「正当な理由なく調査を行わない場合」(本法第3条第3号ニ)に該当する場合もあると考えられます。

2 調査協力者（第三者）の供述は信用できるという誤解

通報者が通報した通報事実の有無について、聴取する人や調査スケジュール等が決まれば、早速、通報事実について見聞きした可能性のある調査協力者（第三者）の人選に着手することになる。

調査協力者（第三者）については、その者のキャラクターについても慎重に吟味する必要がある。通報対象者は自己保身のために嘘を吐く可能性があるが、第三者は中立だから嘘は吐かないというのは全くの誤解である。第三者自身の利害に直接かかわらない場面において、通報者と通報対象者のどちらの味方についた方が「得か」といったことを考えて答弁する調査協力者は確実に存在する（詳細は4章4項2）。また、噂の発信源の当の本人（第三者）が、自己が発信源であることを秘匿するために「別の第三者」がそのような噂を発信していたなどと平気ですぐにバレる嘘を吐く者もいる。このような嘘は「噂の発信源と責任をなすり付けられた別の第三者」に確認することで嘘を暴くことはできるが、調査担当者が、「事実を収集するステージ」と「事実を認定するステージ」の分別ができていないと、ころりと騙されることになる。

「ころりと騙される」ということとの関係である映画を紹介したい。映画の

内容を語ること（ネタバレ）を極端に嫌う映画ファンがたくさんいるので詳細は控えるが「よこがお」（監督：深田晃司）という映画（これからの日本映画界を背負って立つであろう池松壮亮が重要な役どころで出演している）の中に調査担当業務に携わる者にとってとても怖い描写がある。

　以下登場する女性Ａと女性Ｂは、映画の中で採り上げられるある事件の加害者と被害者ではない。それぞれ加害者と被害者に近しい人物ではあるが、事件に直接かかわる者ではない。その意味で第三者である。また女性Ｂは女性Ａを人生の先輩として慕っているふしがあるという設定である。第三者が語ることだから、あるいは少なくとも表面的には人間関係が悪くない人の語ることだからといって軽信してはいけないということを私が強く感じた描写である。

　女性Ａを慕う女性Ｂが、女性Ａについてマスメディアのインタヴューに応じて語る場面の描写である。女性Ｂは女性Ａと動物園で楽しい一日を過ごし、女性Ａから過去の笑い話で終わるあるエピソードを聞くことになる。そのエピソードを聞いた女性Ｂはある意図をもって、そのエピソードを悪意をもってマスメディアに語る。語るエピソードは女性Ａから聞いたストーリーに基本的に沿っている。ただ語り口は「許せない酷い話ですよね」といった雰囲気を巧妙に滲ませている。インタヴューはテレビのワイドショーで流れるので視聴者には、「ヤバイ話なんじゃないか」という予断が芽生える。そして、最後に女性Ｂは、女性Ａが話していない嘘のストーリーを一つだけ盛る。

　女性Ｂが語るストーリーは基本的に女性Ａが語ったストーリーに合致している。誰しもが似たりよったりのことを経験する可能性のある笑って終えることのできるレベルの話である。ただ女性Ｂの「許せない酷い話ですよね」という雰囲気の語り口に加え、エピソードの最後に一つ嘘の内容を加えるだけで女性Ａは社会的に葬り去られてしまうことになる。その怖さをこの映画は教えてくれる。女性Ｂのインタヴューを軽信して、すっかり悪者にされてしまった女性Ａを取り囲みマイクを突き付けるマスメディアの人たち。調査担当者は、無自覚にこの映画のマスメディアの人たちと同じことをしてしまうかもしれないということを省みる必要がある。

　第三者が話を盛る理由は様々であるが、第三者は中立性があるとか、第三者は利害が絡まないからその供述は信頼性が高いといった思い込みは、調査の公正性を害する可能性があるということは心に留めておくべきことだと思う。

5 通報対象者に対する聴取特有の留意事項

　通報者からの、①ファーストコンタクトにより、調査担当者は②アウトラインを聴き取り、③主幹部門との連携して、④通報者等から改めて聴取後、⑤関係者にて再度集まって協議をした後は、⑥調査協力者と通報対象者からの聴き取りを行うことになる。

1　真実を引き出すために事前準備をする

①いつも「傾聴」の姿勢で聴取する

　前述の通り通報者聴取は、チェックリストにもある通り「5．相談者の話をゆっくり、最後まで傾聴しましょう」という場面である（4章1項4⑤参照）。ファーストコンタクトを経て日を改めての聴取の際には、ファーストコンタクトで確認したアウトラインをさらに肉付けして通報事実のフレームを確定する必要があるので、それに向けた準備は必要となるが、基本スタンスは「傾聴」の姿勢である。

　これに対し、通報対象者聴取は事前準備が要となる。既に収拾した通報者や調査協力者の供述と物証から、通報対象者から真実を引き出すための最大限の努力が必要になる。最大限の努力とは、記録を隅から隅まで読み込んで数字や日時など意識せずとも頭に入っている状態にまで持って行くことと、ストーリーの映像化である。

　聴取時の接し方は、通報者であれ、第三者であれ、通報対象者であれ変わりようがない。丁寧に、穏やかに発問するだけである。脚を組むなど論外である。

　聴取を受ける側は、調査担当者が何もしなくても「上から」という雰囲気をまとっているように見えてしまうので、緊張するものである。特に弁護士が調査担当者となるときはこの点はくれぐれも注意すべきである。上から目線など相手を萎縮させるだけで何のメリットもない。通報者や調査協力者の聴取をした後に、聴取することとなる通報対象者に対しては、特に意識的に上から目線とならないようにといった意識を持ってもよいと思われる。

　私は反社会的勢力との折衝を千名近く行ってきたが、私の顧問先に入いる反

社会的勢力のコメントで最も多いのは「俺はたくさん弁護士を知っているが、おまえのところの弁護士ほど上から目線がかけらもない弁護士は初めてだ。俺はあの人だから解約書類を書いたんだ。あの弁護士、大事にせえよ」「弁護士から届いた通知書の文面からして、随分丁寧な手紙を書く人だなあと感じたけど、話をして完全に納得したよ」といったものである。圧力で相手の気持ちは動かない。

　反社会的勢力の対応も内部通報調査も、人と話をするという点で根っこは同じである。反社会的勢力との取引が許容される環境にないことを丁寧に説明するのと同様に、内部通報制度の重要性をきちんと理解し、会社のリスク管理のために一生懸命この調査をしているんだという真剣さや誠実さが相手に伝わるように対応しなければならない。それに加えて通報対象者調査においては「この調査担当者は、隅々まで徹底的に調べてしっかり準備してきてるな。下手な嘘は吐いてもしょうがないな」と感じさせるだけの徹底した準備をして私はここにいるといった雰囲気が相手に伝わって初めて、事実を語り始めるのである。

②客観的証拠があるのに通報対象者が否認する場合

　万全の準備を整えて通報対象者と向き合ったとしても、通報対象者が認めてしかるべき事項について否認することがある。例えば、支店内のビデオカメラに証拠が明らかに写り込んでいるときであっても否認する通報対象者は存在する。

　具体的な証拠映像として、「備品のカッターナイフらしき物を職員Ｃが鞄に入れている映像」があると仮定しよう。備品のカッターナイフを窃取したということが問題となる事案ではなく、その職員Ｃが行った可能性がある金銭の絡む事象についてその発覚を阻止する工作にカッターナイフが用いられた可能性（封筒に細工する等）があるという事案という前提で考えていただきたい。職員Ｃは「私はカッターナイフを鞄に入れたことはない」「ビデオに写っているものを皆さんは問題となっているカッターナイフだというが、私にはそうは見えない」といった否認を行うことになる。

　このような場合に調査担当者が「これはどう見たって問題となっているカッターナイフだ。それ以外には見えない。嘘を吐くな」などと詰問することは意味がない。実際にハイヴィジョンのクオリティで明瞭にカッターナイフが写っ

ているわけではないが、事務用品の中で合致する色と形状のものはカッターナイフ以外ないだろうといったレベルの画像である。

　ここで調査担当者にとって大切なことは、否認している通報対象者に認めさせることではない。そのカッターナイフを鞄に入れて、それがその後の不正に結び付いたことを、裁判になったと仮定して、裁判所が納得するかどうかという視点が重要なのである。私なら「あなたは鞄に入れたものはカッターナイフではないとおっしゃる。そして、写っている物はカッターナイフには見えないとおっしゃる。そのようにあなたは述べていると記録に残しますがそれでいいですね」と伝えてそれ以上の深追いはしない。そのうえで、聴取の次なるステップである事実認定会議で「ペン立てから抜き取った黄色い文具はやっぱりカッターナイフ以外ありえないよね」という認定になるなら、それで十分なのである。

　このように、調査担当者は、通報対象者を陥落させることをゴールとすべきではない。

③「言った・言わない」事案では供述内容の具体性・供述態度・供述動機が重要

　「言った・言わない」事案は「事実認定」の際にどのように対応すべきかという論点でもあるが、調査段階でも、供述内容の具体性・供述態度・供述動機の有無に意識をおいた調査を行う必要があるので、ここで論ずることとする。

　おそらく読者が一番対応に困る事案がこの「言った・言わない」で膠着してしまう事案ではないかと思う。実際に「言った・言わない」で膠着して前に進まなくなった時点で私がサポートを要請される場面は少なくない。

　私は「言った・言わない事案」のサポートを要請されたときに「言わない」と言っている人に「言わせよう」とは考えない。先の証拠映像の事案で説明した通り、ここでも「言わせる」ことはゴールでないからである。

　先の証拠映像の事案もそうであるが、通報対象者が「私はカッターナイフを持ち出しました。持ち出して喫茶店で封筒に細工しました」などと言わなくても、通報対象者がカッターナイフを持ち出したことと、封筒に細工したことを認定することができる場合はある。

　「言った・言わない」事案について、私はアレルギーは全くない。「言っていません」で調査をクローズしても構わない。「言った・言わない」で膠着した

としても、「言った」と認定できる材料が揃えばそれで十分だからである。

　私が過去に裁判で取り扱った「言った・言わない」事案について、証人尋問を経ても、ハラスメント発言を受けた女性の訴えに対して被告がハラスメント発言を最後まで認めなかった事件がある（以下「ハラスメント事件」という）。

　詳細は拙著「苦情・クレーム対応とコンプライアンス」に譲るが、注目すべきは裁判所が録音も何も証拠がなく、原告と被告の法廷供述しかない事案について、「主要な部分において原告の記憶は十分信憑性のあるものと認める」「原告女性と被告課長は本件以前に一切接触はなく、原告女性が被告課長について、怨恨等事実に反し不利益な訴えをする事情は存在しない」「原告女性の本人尋問における同人の供述内容の具体性や供述態度に照らし、原告女性の主張するような文言を一字一句違わず被告課長が言ったとまでは認められないものの、被告課長は原告女性がほぼ主張する通りの言動を発した」と認定した点である。

　録音も存在しないのに「一字一句違わずとまでは認められないものの、ほぼ問題発言はあった」とまで裁判所が判決書に書いたのである。

　私がこの事件で代理人を務めたのは、もう10年以上前のことであるが、この裁判例の考え方を以後の内部通報事案の「言った・言わない事案」に応用してきたことは言うまでもない。

　「言った・言わない」ということは、いずれかが嘘を吐いているということになる。その場合に、どのようにして「言った」と認定できる材料を揃えばよいのか。

　まず、嘘を吐く動機の有るや無しやを検討することになる。通報者が通報対象者に対して、怨恨等の悪感情を抱く事情があるかどうか、あったとしてそれが「でっち上げ通報」までする事情なのかといった点についてよく検討することになる。通報対象者は通報事実が真実であれば、それは不都合なことだから否認する動機はあるとされることが多いだろう。この点については5章2項3④において、虚偽供述における留意点を後述する。

　次に証言内容や証言態度を検討する。私はハラスメント事件の裁判ではこの部分が事実認定の決定的な要因になったと考えている。原告女性は、気丈に誠実に証言した。これに対し、被告男性は答えに窮し沈黙する場面が異常に多かった。調書で沈黙した箇所がどのように記載されるかというと「………」と記載される。調書を見ると「………」が異常な面積を占める調書となっていた。

きちんと説明できない状態それ自体が供述態度として認定材料になるのである。なお、被告代理人の弁護士は、訴訟前に原告女性から聴取ができる機会があったにもかかわらず「被告課長が言っていないと言っているのだから、もう結論は出ている。原告女性に会う必要はない」としていた。通報者に面談しないで通報対象者の言い分のみで事実認定しているわけだから、その時点で無理がある話である。

　調査担当者は、「言った・言わない」で膠着している両当事者の発する言葉の一つひとつについて感度の高いアンテナを張り巡らせることで、いずれが嘘を吐いているか判断できる可能性を高めることができる。感度の高いアンテナを張るために一番重要な必要な作業は、関係資料の読み込みである。4章2項3「聴取の基本動作」で記したように、映像化できるくらい資料を読み込むことで「発言の持つ意味」が変わってくるのである。

　調査をクローズした段階で、通報者の通報が真実かそうでないかについての供述内容や供述態度、動機の有無についてきちんと整理して評価できるだけのものを準備することがポイントとなる

② サイコパス

　サイコパスは「事実認定」にも関連する議論ではあるが、調査段階でサイコパスなる存在を知っているかどうかは重要なので、ここで論じることとする。

①サイコパス　〜平気で嘘を吐ける人

　先に「証言内容や証言態度」の重要性について触れたが、嘘を臆することなく淡々と吐くことができる者もいる。

　昨年（令和元年）そのことを医師から教えていただいた。私は医師にアドバイスを受ける前に平然と嘘を吐き通すことができる人物にかかわったことがある。そのときに私は医師から「平気で嘘を吐ける人」の存在についてアドバイスを受けていなかったので、嘘を吐き通す人物については、言葉にすると「不思議」「理解不能」といった言葉以外当てはまるものがなかった。

　というのは、この人物は嘘がバレないようにある程度の工作はするが、綻びがあっても微動だにすることなく嘘を吐き通すことができるのである。バレる

ことについての畏れは微塵もない。普通の人はバレる嘘は吐かない。しかし、この人物は、バレても百回「私は言ってません」と言えば本当に「言ってません」ということになるという確信すら持っているような人物であった。

私が「サイコパス」の存在を初めて知ったのは、昨年かかわった家事事件においてである。家事事件の相手方に、社会的評価も高い、社交性に溢れた人がいた。私の依頼者はその人の配偶者である。私は、その配偶者の幼少期からの親友という医師から「あの人（事件の相手方）のことは10年以上前から知っているが、あの人はサイコパスだから気を付けて。常人を相手にしていると思うと足元をすくわれますよ」とアドバイスを受けた。

さらに私が多忙だろうからと「医学的に見て全てが厳密な記述というわけではないがサイコパスのイメージをざっくりつかむ一助にはなると思う」という前置きを付したうえで中野信子氏の「サイコパス」という書籍を紹介された。

その本の冒頭に「ありえないようなウソをつき、常人には考えられない不正を働いても、平然としている。ウソが完全に暴かれ、衆目に晒されても、平然としている。それどころか、『自分は不当に非難されている被害者』『悲劇の渦中にあるヒロイン』であるかのように振る舞いさえする」とあった。

ここで名前を出すことは控えるが、医師はある公人の名前を出して「あの人はサイコパスですね」と言っていた。私は、本を読み進めるうちに、医師の指摘は当たっていると感じるようになった。

同書の「見過ごせないのは、この種の人物を擁護する人が少なくないことです。『けっして悪い人じゃない。むしろとても魅力的だ』といった好意的な反応が、テレビのコメンテーターから一般の方まで、少なからず出てくるのです」という記述に触れれば、サイコパスの輪郭はよりくっきりしてくるのではないだろうか。

同書には「過去に語った内容とまるで違うことを平気で主張する。矛盾を指摘されても『断じてそんなことは言っていません』と、涼しい顔で言い張る」との記述もあった。

その記述に接した私は、医師の指摘した公人の他に過去に関わった嘘を平気で吐ける人物を思い出したのである。

私は、その人物を「ジキルとハイド」と評していた。「ジキルとハイド」はあくまで作家ロバート・ルイス・スティーヴンソンの創作した小説の中の登場

人物にすぎない。そのような人物が自分の身近にいるということにリアルなイメージを持つことは難しい。ゆえに「通報対象者はジキルとハイドだ」などと評しても、それは1年にわたる彼の言動を見てきた私や何人かのその人物の裏の顔を知っている者らには非常にしっくり理解できる評であるが、裏の顔を知らない人にどこまで響くのだろうかということはいつも心の中にあった。私だって、実際にその人物と出会わなかったら、このような人物（サイコパス）が創作上の人物ではなく本当にいることなど想像もできなかったと思う。つまり、それくらい表の顔はまともなのだ。

②調査においては「サイコパス」の可能性も視野に入れる

　後に家事事件を担当した際には、サイコパスについて医師から教示されていたので、家事事件の相手方について「不思議」だと感じることはなかった。社会的には高いポジションにあり、社交的に映る相手方がなぜ冷酷非道なことができるのかは、全て「サイコパスであるがゆえの言動」と説明がつくからである。今は遡って、過去に関わった人物についての「不思議」についても全て合理的な説明がつくようになった。

　読者の皆さんも、サイコパスはハイド氏のように創作の人物ではないということを知っていただきたい。前掲の中野信子氏の書籍によると「100人に一人くらいの割合でサイコパスがいる」そうである。思いのほか近くに現実に存在するのである（大企業のCEOや弁護士、外科医といった、大胆な決断をしなければならない職種の人々にサイコパスが多いという研究結果まであるとのことである）。つまり通報対象者にサイコパスが紛れ込む可能性は相当程度あると考えた方がよい。

　多くの調査担当者は「正直で誠実な人物」であろうから、人並みレベルの嘘を吐ける人物の存在について頭では分かっていても、どうしても「そこまで平然と嘘は吐けないだろう（なぜなら自分ならそんな嘘は絶対に吐けないから）」という見方をしてしまう可能性がある。逆に「あの人はとんでもない嘘吐きです。普通じゃないです」と賢明に主張する人物の方が胡散臭く映ることがあるかもしれない。「なぜ、あんな立派な人物をこの人は嘘吐き呼ばわりするのだろう」と。その結果、判断を誤るのである。判断を誤ると「サイコパス」を社内に解き放つという最悪の結果を招来することになる。

私は医学的な資格を有するわけではないから、過去に関わった人物をサイコパスと断ずるつもりはない。ただ、サイコパスの特徴として文献に記してある内容はこの人物と非常に重なるものであった。

　サイコパスの理解が、事実認定に役立つ例として、次の仮想事案を調査担当者として思い浮かべて欲しい。

　不正を発見して通報した人物がいる。不正を行ったとされる者は、それなりの証拠はあるが平然と自分は一切関与していないと言っている。それどころか、不正を行ったとされる者は「私は一言も指摘されるようなことは言っていない。今回このようなことに巻き込まれたことでどれだけ仕事がやりづらくなったか」と語る。通報者は「よくそこまで平気で嘘が吐けるなあ」と呆れ返っている。調査担当者は、通報者と通報対象者のいずれが真実を語っているのか全く見当がつかず途方に暮れた。

　このゴシックで記した7行について、この世の中に相当数のサイコパスが存在するという知識をもって接すれば以下のようになる。

　不正を発見して通報した人物がいる。不正を行ったとされる者は、それなりの証拠があるが平然と自分は一切関与していないと言っている。しかし、先に紹介した通りサイコパスは「悲劇のヒロイン」を演じることにも長けている。調査担当者らの感情に訴え目を曇らせることなど簡単だ。なにしろ「『決して悪い人じゃない。むしろとても魅力的だ』といった好意的な反応が、テレビのコメンテーターから一般の方まで、少なからず出てくる」くらいのパフォーマーなのだ。本人はパフォーマンスという意識もなく、「私は一言も指摘されるようなことは言っていない。今回このようなことに巻き込まれたことでどれだけ仕事がやりづらくなったか」と語る。サイコパスなら朝飯前のことだ。通報者は「よくそこまで平気で嘘が吐けるなあ」と呆れ返っている。調査担当者は通報対象者がサイコパスである可能性も視野に入れて慎重に判断しなければならない事案と考えた。

　私は、調査担当者は、通報対象者がサイコパスかどうかを認定する必要があると述べるつもりはない。通報がなされたとき、その通報対象者が通報事実を全否定し、それどころか悲劇のヒロインとなって通報者を攻撃するといったパターンが発生したときには注意を払うべきだということである。調査担当者は、サイコパスと称される類型の人物が確実に存在することと、目の前で「私はむしろ被害者です」と述べている者がまさにサイコパスかもしれないという可能性を頭の片隅に置くべき場面も確実に存在するということである。

　「堂々とした態度で、時には私こそが被害者という供述を行える者もいるのだ」ということは心に留めておいた方が良い。通報対象者がそのような人物かどうかは、通報対象者の部門全員の調査をダミーでやれば分かることである。そのような人物は身近な者に対して自分の本性を隠しきれないのでハイド氏の顔はバレている。自分の意にそわないと素顔が出てしまうからである。

　身近な者に対してはハイド氏の顔を隠しきることはできないのである。

6 反訳と署名

1 聴取の録音を反訳する

　聴取において録音した場合の反訳の際の留意点を説明しておく。

　さほど費用がかかることではないので、「通報者はこう言っている」「通報者のおっしゃる通りです。ごめんさない」といった通報者と通報対象者の主張に全く相違が発生しない事案であれば格別、聴取の録音は外部業者に反訳に出すべきである。反訳業者は同程度の料金でもクオリティが全く異なるので、最初は二社ないし三社に同じ録音の反訳依頼を行って出来の良い業者の選別をかけるべきである。ほとんどの箇所が（聴き取り不能）と返ってくる業者と、ほぼ全てが活字になっている業者の違いは歴然である。

　なお、反訳を前提に聴取を行うことで、間延びした質問、重複した質問、ハラスメント的な質問等の抑止効果という副次効果も生まれることになる。私の利用している業者はクオリティも高く料金もリーズナブルだが、それでも相当の金額になってしまうこともある。私が調査スタートの段階から関与していればこのようなことにはならないが、調査が通報対象者の否認が続きスタックしてしまった挙句、私に依頼があるようなケースでは、私が関与する以前に社員担当者が日を改めて何度も同じ質問を繰り返しているといったことがある。このケースが裁判に移行しなければ、全てを反訳する必要はないが、裁判になれば一部反訳不提出ということは「何か隠している」ということになりかねないので全てを反訳して提出する必要がある。その結果、相当額の費用が発生することになる。

　調査のスタートの段階から反訳を意識していれば、おそらくもっと整理された質問になったと思われたケースである。

2 反訳書の確認と訂正

　反訳書が出来上がってきたら、通報者らに示して訂正箇所があれば書き込んでもらう。ただ訂正といっても訂正理由は二種類ある。

　例えば「調査担当者の質問をこのような質問と理解したので、こういう回答となったが、読み返してみると私が質問の趣旨を誤解していることは明らかなので、ここはこのように訂正願いたい」といったように訂正に合理性がある場合と、核心となる回答ゆえ繰り返し「本当に○○で間違いないですね」、「はい○○で間違いないです」と確認した事項について理由もなく「あれは△△の間違いでした」（○○は供述者に不利となり△△は有利となる場面）といった合理性を欠く場合がある。

　合理的な理由がある場合には、その訂正を認めれば良いが、後者の場合にはどう対応すべきだろうか。

①聴取時の決定的発言は署名をとる

　合理的な理由がない場合であっても訂正自体は認める（そのように変遷したこと自体が重要な認定材料となる）。しかし、私はそのような場面に備えて、聴取時に決定的な供述をした場合、その場で、そのやりとりを手書きで良いから記して（ホテルの会議室など活字化してプリントアウトすることが困難な場所もある）それに署名をもらうようにしている。

　具体的には「当時の私の指示は○○で間違いありません」というキーフレーズを記した書面に「前記の私の供述に間違いはありません」と自署してもらい、かつ氏名を自署してもらうこととしている。

　「そのような署名文書があるのにこの訂正はないだろう」という状況を残せば良いからだ。

②反訳書への署名

　最終的に通報者らが納得する反訳書に署名をもらうことになる。この際、反訳書を交付して「明後日までにチェックしてください」としてしまってはリスク管理の観点から録音をNGとした意味がなくなってしまう。

　会議室等で同席者をおいて、その場で読んで確認してもらい、署名してもらうということになる。

第5章

内部通報制度の実践手法②
事実認定

① 事実認定のイメージ

1 通報者の話をストーリーにする

　4章で説明した通り調査担当者は通報者との面談によって聴取をし、それに基づいて事実認定を行うことになる。事実認定を行うためは、聴取の基本動作においても説明した通り（4章2項3）、聴取時にストーリーを組み立てていく必要がある。内部通報調査における事実認定は、これらのストーリーを各種証拠との見合いできちんと紡ぐことができるかどうかを見定める作業である。

　聴取していくと「通報者が語るストーリー」が概ね見えてくる。

　通報者からの通報の中には、「誰それの言動に問題があります（または、あるかもしれません）」といった「誰」の「どういう言動」が問題かといった通報対象者と通報事実が明らかなストーリーが明確な通報もあれば（こちらがほとんどである）、それとは少し質を異にする形態の通報もある。

　例えば、帳簿の数字がどうしても合わないといった、その原因が人為的なものである可能性もなくはないが、誰が原因でそうなったかが分からないといった事案である。つまり、問題事象は現に発生しているが、誰に起因する事象なのか分からないという通報である。このような事案では、通報者からのストーリーの提示がそもそもない。「問題が発生しているという結果だけ」を突き付けられることになる。このような事案においては、客観的証拠を精査する中で、会社側にて最も有力な仮のストーリー（仮説）を組み立てなければならない。

　通報者のストーリーを構成する各エピソードについて、各エピソードを全て裏付ける証拠が存在し、ストーリーをスムーズに紡げる場合もあれば、証拠が一部欠落している等でストーリーをスムーズに紡げない場合もある。

　なお、ストーリーがシンプルであることと、そのストーリーをスムーズに紡げるかどうかは別物である。例えば「某月某日残業時、B女が背後からA男に抱きつかれた」というストーリーはシンプルであるが、目撃者またはビデオカメラ映像がなければ、ストーリーはスムーズに紡げない。

2 ストーリーと証拠を突き合わせていく

　ストーリーを構成する全てのエピソードにそのエピソードを裏付ける証拠があればベストである。しかしながら、実際は、エピソードを裏付ける証拠が存在しなかったり、証拠が存在しても衝突（例えば、供述しかない場合に二者の供述が相容れないといった場合）するためストーリーがスムーズに紡げないといったことが生じる。

　事実認定のためにはストーリーを紡ぐ必要があるが、このようなときに、ストーリーを紡ぐことを諦めてしまうのか、なんとかしてストーリーを紡ぐのか、そこが調査担当者の実力が問われる場面となる。

第5章

内部通報制度の実践手法②事実認定

2 ストーリーを構成するエピソードを裏付ける証拠

1 裁判官の事実認定手法とは

　事実認定においては、事実認定のプロ中のプロの裁判官の記した文献が非常に参考になる。

　私は、内部通報の調査・事実認定に携わるようになった約20年前から5年ほど経過したときに出版された瀬木比呂志「民事訴訟実務と制度の焦点－実務家、研究者、法科大学院生と市民のために」（判例タイムズ社、2006年）を座右の銘としてきた。令和元年に出版された「民事裁判入門 裁判官は何を見ているのか」も参考になる点が多々あった（以下、それぞれ（瀬木：実務と焦点）、（瀬木：入門）という表記で引用を摘示することとする）。

　企業の調査担当者であっても、プロの裁判官の知見だからといって及び腰になる必要は一切ない。以下に適宜引用する内容を一読されれば、内部通報調査の認定の際の重要なポイントについての常識的な知見の開示であることを納得いただけるものと思う。

　「裁判における事実認定は客観的な証拠によって行われるものなのだから、裁判官は、証拠を軽視してはならない。審理に当たっては何よりも証拠を大切にしなければならない。」

　「近年は、弁護士たちから『みずからの思い込みで裁判をする裁判官が増えている。難しい事案でも、じっくり人証調べを行った上で自分の心証を再検討して結論を固めるという姿勢に乏しい人が多い』との批判も聞かれるところだ。」

　以上は、瀬木：入門からの引用である（203頁）。

　前半の引用は、事実認定の「基本」であり、後半の引用は事実認定の際の「戒め」と言ってよいだろう。各々「客観的な証拠を重視せよ」、「思い込みを排して人証調べの結果もきちんと踏まえて心証を再検討せよ」ということと理解できる。極めて常識的な指摘である。ところが、この常識的な指摘が、個別

148

具体的な事案に直面すると消し飛んでしまうことが少なくないのである。

　この二文は、事実を評価し認定する際には、都度立ち戻るくらい価値のある重要な指摘である。

2　客観的な証拠（物証）の落とし穴

　証拠には大別すると物証と人の供述がある。

　物証としては、ビデオ映像や伝票・帳簿、診断書、電子メール、貸与携帯電話の通話時間や送受信記録（送受信の時刻と内容）といったものがある。これらは重視すべき客観的な証拠である。

　客観的証拠といっても、主観が混入するものもある。ビデオ映像や携帯電話の通話時間や電子メールの送受信時刻には主観が混入する余地がないが、電子メールの内容には電子メール作成者の主観や意図が混入することがあるので、電子メール記載事実の全てを客観的事実と短絡するのは危険である。客観的に電子メールに「ある事象が記載された」という事実が存在するということまでは言えるとしても、そこに記載された事象が事実かどうかは別論である。

　なお、客観的証拠を重視すべきだからといって、客観的証拠で全てが決まるということを意味するわけではないことにも留意する必要がある。

　重要なことは、客観的証拠で全てが決まる事案なのかそうではない事案なのかという分別ができるのは、最終的な認定がなされる時点での振り返りにより判断できるということである。決して聴取している調査の途上で判断できることではない。

　4章において説明した通り、あなたが調査と事実認定を行う立場にあるとして、調査（証拠収集）過程で「この事案の結論は客観的証拠に照らせば明らかだ」などという断定的なストーリーを作り上げることについては極めて謙抑的であるべきである。調査過程でそのような判断をすることは「思い込み」となる危険があるからである。あくまで「仮説」に留めるべきである。瀬木氏の「思い込みを排して」という姿勢を思い起こすべき場面である。

　調査経験の浅い調査担当者は、経験不足ゆえに客観的証拠を見つけると「お宝発見」とばかりに「断定」を行いがちだし、逆に3章2項1③で説明した通り、ベテラン担当者は謙虚さを欠くがゆえに「断定」を行うことになる。

「裁判官を真ん中にした双方当事者による綱引きの中から、事件の全貌が少しずつ姿を現してくることになる。そして、その際、裁判官が常に念頭に置いておくべきことは、『謙虚さ』である。裁判官は、暫定的な心証をもつことは必要だが、自己の判断を過信してそれに縛られてしまうことのないように、主張立証の方向性によってはいつでも自己の心証を修正できるように、心がけていなければならない」（瀬木：入門、95頁）との指摘は、調査担当者が肝に銘じるべき指摘ではなかろうか。「全貌が少しずつ姿を現す過程」で持つことができる「暫定的な心証」は「仮説」に留め、その「仮説」の正否について謙虚に検証を行うことが大切である。

3　人の供述についての留意点

① 「経験」は「記憶」と「供述」の過程で変容する

供述には、通報者の供述、通報対象者の供述、調査協力者となる第三者の供述がある。

供述に至る経過は、経験、記憶、供述という経過をたどるが、記憶の変容は意図するしないにかかわらず起き得ること、供述が経験をビデオ映像のリプレイのように正確に再現できるものではないこと（供述者の表現能力は千差万別）に留意すべきである。

調査担当者としては、供述者らの経験を直接認識することができればよいのだが、供述者の経験した事実の録音録画が揃っているということは稀なので、供述者らの経験を証明する客観的証拠を模索することになる。

大切なことは、調査担当者は当時者の経験を知りたいのだが、その経験を直接覚知することは不可能なことであり、当事者しか覚知しえない記憶という領域を介した供述しか、当事者の経験にアクセスできないという現実に向き合う必要がる。さらに経験が記憶に移行する中で必ず変容が生じ、記憶が供述としてアウットップッとされるときに、さらなる変容が生じるという現実をよく理解しておくことも重要である。調査担当者は供述から遡って事実を認識するほかなく、経験から供述に移行する過程で経験は変容を遂げていくということである。

②客観的証拠がない場合の「言った・言わない」事案

　供述者らの経験を証明する客観的証拠がないか、あるいは希薄なときに、例えば、それが通報者の供述であれば、証拠を欠く単なる供述として、通報事実はなかったと扱ってもよいだろうか。もとより通報対象者が通報者の供述を認める供述をしていれば、通報事実を認めても良いが、通報者の供述と通報対象者の供述が相容れない場合には問題となる。

　密室事案（残業時に部屋に通報者と通報対象者しかいないケース）における当事者の言い分が食い違うケース（言った・言わないケース）が典型である。

　「言った・言わない」事案であっても最終的に事実認定は可能であるが、私は、私自身が「言った・言わない」事案に巻き込まれないように細心の注意を払うようにしている。電話で痴漢冤罪に巻き込まれないように右手でつり革を持ち左手にブリーフケースを抱えているビジネスパーソンの心理と同じである。

　ゆえに私は通報者とどうしても1対1で向き合わなければならないときに私は全過程を録音するわけである（4章2項5③参照）。録音がなくとも、私に「問題行為があったと認定することは困難である」という結論になるかもしれない。しかし、「問題行為があったかどうか分からない」ということは「問題行為があったかもしれない」ということをも意味するので、私には釈然としない思い（不名誉な感覚）が残るであろうからそのための徹底した防衛策である。ただ、密室事案において私のように対処している者は少ないので、客観的証拠の欠ける「言った・言わないケース」にどのように対処すべきかということが問題になる。

　「言った・言わない」事案で客観的証拠がないときに、「真偽不明」として調査打ち切りとなることは少なくない。それに疑問を感じない調査担当者もいれば、忸怩たる想いを感じる調査担当者もいる。

　疑問を感じない調査担当者は「疑わしきは罰せず」の精神に依拠した結果である。「疑わしいレベルで通報対象者を悪者にしてはいけない」という考え方だ。

　一方、忸怩たる想いを感じる調査担当者は、なぜ忸怩たる想いになるかというと「通報対象者は絶対に怪しい」と感じるからである。

　私はこの二つの考え方はいずれも詰めが甘いと感じる。

　前者は客観的証拠がなければ、それ以上一歩も進めないということであり思

考停止ではないかと思う。後者は「絶対に怪しい」と感じるなら、そう感じる理由を徹底的に詰めるべきであるが詰めが甘い。

　客観的証拠がない「言った・言わない」レベルの通報について通報対象者が否認している場合であって証拠が当事者の供述のみのケースであっても、私はそこで調査を打ち切ることはない。客観的証拠がなくとも、捏造通報の動機の有るや無しや、供述態度や供述内容をしっかり検討することで「言った・言わない」事案について結論を出すことはできる（4章5項1③参照）。

　「絶対に怪しい」と感じるなら、なぜ「怪しい」と感じるかについて資料を隅々まで読んで考え抜くほかない。例えば、先のハラスメント事件で、被告（通報対象者）は「女性からクレームが入った後に弁護士の事務所を2日続けて訪問して、それぞれ3時間の合計6時間の弁護士の聴取を受けた」と法廷で供述している。「2日で計6時間の弁護士聴取」という文字面だけ見れば「徹底的な聴取が行われたかもしれない」と思う人もいるかもしれない。それは「2日」と「6時間」という抽象的な単位に対する短絡的な反応でしかない。6時間の聴取というところだけ切り取れば、かなりしっかりした聴取と言えるだろう。しかし、映像化して考えてみるとこの供述は不自然である。先述の通り、この弁護士は被害申告をした女性の聴取機会を自ら「必要ない」として放棄している。調査担当者は想像してみて欲しい。通報者聴取を行わないで、どうやって通報対象者への聴取を行ったらいいのだろうと途方に暮れないだろうか。通報対象者に質問できるとすれば、基本的に「通報者がハラスメント発言があったという申告しているが、あなたはそのような発言をしたのですか」ということを軸とした周辺事情を確認するのがせいぜいではなかろうか。通報者聴取を経ないで通報対象者から6時間の聴取を行うことは至難の業である。映像化することがどうにもできないのである。

　「怪しい」と感じるセンスそれ自体は重要だが、その怪しさは詰まるところ「本当に実際こんなことが起きるのかな」という感覚に由来するわけだから、「本当にこんなことがあるのかな」ということを映像化してリアルに考察することで解決の糸口は見えてくる。

③記憶の変容と欠落に注意する

　供述は、前述の通り、記憶、供述のそれぞれの段階で脆弱性を有するので事

実認定に用いる際には、次の点に留意する必要がある。

　瀬木氏は記憶の変容について「我々の記憶は、多かれ少なかれ変容されているものであって、かなりの程度で内省的で理知的な人間であっても、これを完全に免れることは難しいものである。ことに、自己の利害に関係の深い事実についてはそうである」とする（瀬木：実務と焦点、265頁）。

　ゆえに利害関係を有する通報関係当事者は意識することなく記憶を変容してしまうことがある。

　意図せずとも話を膨らませて供述することはままある。通報者は不正の状況を印象付けるために膨らませることがあるし、対象者は事実を否認できないとしても、それほど深刻な事態ではなかったということを印象付けたいという心理から状況を過少に説明することもある。いずれも経験と記憶のくい違いについて明確に自覚しているわけではないケースである。したがって悪気はない。全ての供述を割り引いて聞くべきとか、割り増して聞くべきということではなく、そのような供述をする者もいるかもしれないことを心に留めおくべきということである。

　なお、経験した事実をできるだけ正確に供述しようとする者は確実にいるし、通報者に関してはこちらが多数派ではなかろうか。

　また、経験のうち記憶に移行されるものはごく一部でしかないということもある。

　実際に、次のようなことを私は経験した（次頁の図を参照）。

　私が、夜間、自宅近所の路地のＴ字路をＴの縦棒の下の方から自動車を運転してＴの横棒を右折しようとしたとき、Ｔの横棒の左側から中年男性が自転車で進行してきた。私は右折する前に急ブレーキを踏んで停車した。自転車は自動車の前を進行した後に右折してＴの縦棒を上から下に向けて進行することになった。自転車を運転していた中年男性は自動車の前を通過し右折する際に、ずっと私を睨みつけていた。自転車は私の運転する自動車の右側面に沿って進行する際に、後で分かったことだが、自転車をおそらく故意に自車側に傾けペダルで自動車の右側面をこすって進行した。私は、自動車の横を通過する際に窓をゴツンと叩いて去っていたものと思っていたので、Ｔ字路のＴの横棒を右折して20メートルほど進行したところで念のため自動車と停車させて自動車の右側面を確認してみた。自動車の右側面にはペダルの高さの位置にしっかりと

傷がついていた。おそらく私とT字路の交差部分で衝突はしなかったものの出会い頭の状況が発生したことが気に入らなかったのだろう。

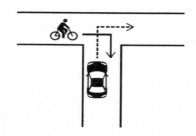

　私は、自転車を運転していた中年男性を今さら捕捉することはできないだろうと思ったが、保険を使う可能性があったため警察に事故届は出しておくことにした。警察官が来て、私に自転車を運転していた男性の年齢と人相を質問した。私は「40代くらいの丸顔の男性」と答えた。ところが、それ以外の質問に一切答えられないのである。服装も着衣の色も自転車の色も何も記憶していなかった。

　T字路で視界に自転車を認め、私は急ブレーキを踏んで自車を停車したが、その際に反射的に相手の顔を見て、その後相手が私を睨みつけながら自動車の前を通過し右折していったので相手の顔しか見ていなかった可能性がある。あるいは、自転車を認めたときに、自転車も相手の全体像も見ていたかもしれないが、相手の顔の記憶のインパクトが強くその他の自転車の形状・色、相手の服装や着衣の色が記憶から飛んだのかもしれない。

　警察官は「何も覚えてないんですか」と訝しそうに私に尋ねたが、本当に私は相手の人相以外何も覚えていなかった。

　私が自転車と出会い頭に遭遇し、自転車が自車の右横を走行する際に、ゴツンとペダルをこすりつけて走り去った事実を経験したという事実はあるが相手の人相以外の記憶はほとんどないのである。

　私にとってこれはとても貴重な経験となった。身体接触を伴うセクハラ（深夜残業中に背後から抱きつかれた等）を受けた人や、連日のように繰り返されたパワハラによって心を病んでしまうに至った人が、「そんなことも覚えていないのか」という状況になる可能性を否定することはできないと考えるようになったからだ。つまり、記憶していないと供述することが、経験していないと

いうことを必ずしも意味するものではないということである。とりわけ被害者的立場にある通報者が詳細を記憶していないことについて、軽々しく「本当に通報した事実があるのだろうか。周辺事情の説明があまりにもあいまいではないか」といった決めつけをすることについては慎重でなければならないと思う。

④虚偽供述はその動機を検討する

そもそも経験していない事実を供述することもある。いわゆる虚偽供述である。経験した事実を客観的に裏付ける証拠がない状況における供述は、虚偽の可能性と、真実ではあるが裏付ける証拠がない供述という二つの可能性がある。この場合に「虚偽の可能性があるからスタック」という対応は適切ではない。

このような場合、事実と異なる供述を行う動機の有無（例えば、ハラスメントを受けていないのに、ハラスメントを受けたと供述する動機の有無）を検討することになる。ハラスメント事案だと、通報者が通報対象者に対して非常に悪感情を持っているがために、事実を捏造する契機はないかといったことを検証する必要がある。

痴漢事案では、示談金欲しさに痴漢の被害者を演ずるという問題事案（冤罪事案）が世上存在することはそれなりに認知されているが、内部通報においては示談金欲しさの通報を行うというのはあまり現実的ではない。現実的にありうる通報は、通報対象者の失脚を狙っての通報である。実際に私は、気に入らない管理職の異動を狙って複数の社員が諮って通報した不正通報を受理した経験がある。

ただ、この「複数の社員が諮っての通報した事例」にも明らかな通り、虚偽通報を実行する場合、無理をして客観的証拠を創出しなければならなくなることが多い。この事例でいえば「複数の社員が管理職の問題行為を指摘している」という状況それ自体が客観的証拠たりうるので、そのような状況を作り出すわけである。つまり、虚偽通報は、虚偽を真実と信用させるために無理をすることが多く、それが綻びの原因となることがある。

しかしながら、私自身虚偽通報を一旦は信じてしまった次のような経験があるので、気を付けなければいけないことも事実である。

⑤調査段階で事実認定をしてしまった私の反省

　以下、私の反省も含め事実を多少アレンジした私の経験を記すこととする（以下「虚偽通報事案」という）。

　部長によるハラスメント被害を訴える通報（メール）がなされた。

　通報者のメールには「通報者以外にも複数の被害者がいるので、その人たちからも話を聞いて欲しい。その人たちも相談したいと言っている」として氏名と連絡先が記されていた。そこで、通報者と相談したいと言っている人たちの個別の聴き取りを行ったところ、それぞれが個別具体的な被害事象について日時を特定して説明した。この時点で、私も会社担当者もハラスメントがあったという心証に相当傾いていた。

　ところが、通報者らの脇が甘く、通報者らの通謀を明白に示す客観的証拠が出てきたため、部長に悪感情を有する部下らが部長を異動させるための通謀に基づく虚偽通報であることが判明した。

　虚偽の内容は事実を盛ったもの（膨らませたもの）と事実を捏造したものが混在していた。逆に言えば、ハラスメントに相当するかどうかはさて措くとしても、一部に問題となる言動はたしかに存在したことになる。

　客観的証拠（通謀を示すメール）を通報者らに示して、通報者らが虚偽通報であることを認めて本件終了。虚偽通報者らは処分を受けることとなった。

　この虚偽通報事案は、私自身、今振り返ると反省する点が多々ある。

　まず、私は複数の社員が被害申告しているという事実（複数の社員から声があがっているという事象自体は、客観的な証拠足りうる）を前に、個々の社員の申告する事実についてまで「真実」との心証（断定に近かった）を持ってしまったことは事実である。

　ここは明らかに短絡的な思考である。先に述べた通り「仮説」に留めておくべきであった。本件は幸いなことに通報者らの凡ミスで虚偽通報ということが明らかになったが、もし通報者らの凡ミスがなければどうなっていたか。

　私は、通報対象者たる部長の聴取を行うことになるが、その際に「断定」という心証で臨めば間違いなく「この不届きな部長を許すまじ」という気持ちで聴取していたと思う。「苛められた部員らは可哀想」という気持ちで部員らの代弁者という心境で正義を振りかざしていたと思う。いまだ、いずれに正義があるかを見極める調査段階にあることを忘れ、私は全ての証拠（とりわけ「部

長の供述」）に接していないのに通報者らは正義、部長は悪と決めつけていたのである。結論ありきの調査でしかない。

　ここで思い出すべきは瀬木氏の「裁判官を真ん中にした双方当事者による綱引きの中から、事件の全貌が少しずつ姿を現してくることになる。そして、その際、裁判官が常に念頭に置いておくべきことは、『謙虚さ』である。裁判官は、暫定的な心証をもつことは必要だが、自己の判断を過信してそれに縛られてしまうことのないように、主張立証の方向性によってはいつでも自己の心証を修正できるように、心がけていなければならない」（瀬木：入門、95頁）という記述である。私が虚偽通報と向き合った時点では同書は出版されていなかったが、それは言い訳である。「断定していた」ということは「謙虚さを欠いていた」ということでしかない。

　調査担当者は、不正を憎み社内で正義が通ることを願う社員ゆえ、「正義が実現する会社」とするための情熱を持っているし、それはとても大切なことである。しかし、正義や情熱は公正・公平な調査と評価・認定を行うことに向けられるべきものであって、調査の過程で「部長は悪だ」と決めつけるといった謙虚さを失わせるものであってはならない。

　当時の私は「複数の被害者が声をあげている」という事実を前に、調査の過程どころか調査開始前から「正義の味方」になっていたのだと思う。その正義は「悪い部長」に向けられていた。とてつもなく怖ろしいことをしていたと背筋が寒くなる。

　先の虚偽通報事案について、今の私ならどうするか。

　「複数の部員の被害申告が相当数あるのだから、部長は行き過ぎた行為に及んでいる可能性がある」という「仮説」を立てる。あとは仮説の検証である。この「仮説の検証」という意識が重要となる。

　この事案は、部長の問題の言動を膨らませたエピソードと部長が全く発していない言動を混在させていた。巧妙である。部長が認めざるを得ない問題の言動を織り込んだうえで話を盛るとともに、捏造事実を混在させていたのである。

　一つひとつのエピソードを丁寧に聴き取れば、部長は「そのような発言はしていない」「それに類する発言はしたが随分大袈裟な話にすり替わっていると思う」といった供述をするだろう。仮説を検証するという意識の下では、部長の聴取の際に、部長の発言の実像にピントを合わせる作業を丁寧に行おうとい

う意識を持つことになる。したがって、通報者らの申告内容と部長の認識の差異をきちんと確認しながらの聴取となるはずである。

「仮説」を超えて「断定」してしまった過去の私ならば、部長が「それに類する発言はしたが随分大袈裟な話にすり替わっている」という供述をした場合、「これだけ大勢の部下が申告している発言をこの期に及んでまだ言い訳をするのか」と受け止めるだろうし、「そのような発言はしていない」という供述を「嘘」と受け止めてしまっただろうと思う。「仮説の検証」という姿勢であれば、「通報者らの申告事実は少し話を膨らませている可能性があるのではないか」と疑問を持ったかもしれないが、過去の私は調査の名の元に部長を断罪していたかもしれない。

この虚偽通報事案の恐ろしいところは、もし通報者らの脇の甘さがなく「部長を失脚させるための通謀」がバレなければ、部長は相応の処分を受けることになっていたという点である。冤罪である。

とは言え、前記の反省を含むあるべき対応として記したことは、所詮は全てのカラクリが分かった後での反省に基づく「あるべき対応」でしかない。

明日、私が受け付ける通報が事実なのか、盛った事実なのか、でっち上げの事実なのかは分からない。いずれの可能性もある。

だからこそ、「供述態度」「供述内容の具体性」「供述の変遷の有無」「供述動機」といった事項にについて意識をおいた丁寧な調査を行い、全ての調査を終えた後で、頭を冷やして注意深く事実認定することが重要になってくるのである。

⑥通報者の利害関係人（調査協力者）による供述の信用性

通報者らの供述の証拠価値は同一ではない。

通報者と通報対象者の供述は、通報事実について強い利害関係を有する者の供述となるため意図するかしないかにかかわらず客観性が薄められる可能性がある。第三者は利害関係がないので客観性を担保できるかというとそうではない。利害関係のない第三者など存在しないと考えるべきである。

まず、通報者であれ対象者であれ、通報者や対象者の近親者や友人、恋人といった関係にある者は、通報者や対象者を守りたいので彼らにとって有利な発言を行う可能性がある。もちろん世の中には、身内であれ友人であれ「悪いこ

とは悪い」と考え不正工作などのお付き合いできないという人はたくさんいるし、むしろ私の周りにはそのようなタイプの人の方が多いかもしれない。

しかし、近しい人を守るために事実と異なる供述を行う可能性自体は否定できない。ゆえに、そのような関係にある人の供述の評価は慎重でなければならない。

例えば、Aさんからハラスメントを受けたBさんがハラスメントを受けたと通報してきたときに、通報者Bさんの親友が、調査協力者として、「私はBさんがハラスメントを受けた日にBさんから『今日Aさんからこんな酷いことをされた』と相談された」と供述したとしよう。

私なら、その相談が電話でなされたのかメールでなされたのかに着目する。

「電話でもメールでもない。ちょっと相談したいことがあると言われたので喫茶店で相談を受けた」と調査協力者が供述するのであれば、客観的証拠は希薄ということになる。もちろん、それだけで調査協力者の供述は通報者を支援するための捏造と決めつけるのは早すぎる。

既に何度か記した通り、リアリティを追及することになる。映像化である（4章2項3①b）。

喫茶店はどこの喫茶店で、どのようなテーブル配置で、何を注文して、誰がいくら支払って、相談内容はどういう内容で、当日の天気はどうだったのかといったことまで事細かに聴取する。そもそもその日は喫茶店が臨時休業であったり、その日は傘を持っていなかったと言っているのに、その時間帯ゲリラ豪雨に見舞われていたといった整合しない事実があれば供述の信用性は低くなってくる。逆に通報者と調査協力者の供述が細かなところまで（細かすぎると「造り込み」も一応視野に入れるが）整合していれば供述の信用性は高まる。

相談は、電話でなされたというのであれば調査協力者が相談を受けた日時に通報者と通話した履歴を確認する。

ハラスメントの相談を受けた日に実際に相談のメールが送受信されていれば、その供述の信用性はより高くなる。さらにその供述の信用性を高める資料としては、調査協力者である友人が通報者Bさんを気の毒に思い、友人自らハラスメントを行ったとされるAさんに抗議のメールを送信した履歴があれば、その供述の信用性はさらに高まることになる。

なお、通報者と近親者や友人といった関係がなければ、第三者供述として一

一般的に信用性は高まる。例えば意識が朦朧としている女性を男性とともにホテルまで運んだタクシーの運転手やタクシーの降車の際に女性が自力でタクシーを降車できない状況だったため後部ドアからタクシー車内を心配して確認したホテルのドアマンなどは全くの利害関係がないから供述の信用性は高まる（この例は、伊藤詩織著「Black Box」の記述をベースとする）。

　内部通報の調査では、このような純然たる第三者に調査協力をお願いすることはそれほど多くない。通報者と通報対象者双方と知己がある人物に調査協力をお願いするケースが多く、このようなケースでは「第三者だから供述の信用性は高い」という一般論は一概に当てはまらないので十分に注意する必要がある。

⑦供述者のキャラクターを調べる

　上述の通り、調査協力者の供述は信用できるとは限らない。「とりあえず、通報者と通報対象者のうち力を持っている方に有利な供述をしておこうか」といった人はいくらでもいると考えるべきだ。

　そのため、証明すべきエピソードが重要なものであれば、その調査協力者のキャラクターについてもきちんと調査を行う必要がある。まず通報者に調査協力者としての適格性について意見を聞く必要がある。その際に「あの人は信用ならない人だ」といった評価を聞くのではなく、事実を聞くことがポイントとなる。例えば「3ヵ月前に○○といったトラブルがあったので、私についてポジティブな発言は期待できない」といった個別具体的な事実を聞くことになる。調査を行っていることが分かってしまう可能性があるので慎重に行う必要があるが、その調査協力者の供述が認定に大きなウェイトを占めるときは、調査協力者を知る別の人に調査協力者について確認する場面も生じうる。調査協力者を知る別の人に聞けば「相手によって言うことが変わる人です」とか「私にはXさんの悪口を言い、Xさんには私の悪口を言ってる人です」などという話が次から次へと出てくることもある。

　また、必ず、その供述を通報者と通報対象者に直接確認する必要がある。当該調査協力者の供述に対し「全くの事実無根。完全な嘘です」という反応が返ってくることも珍しくない。「事実無根」と主張している人に「誰に確認すればいいですか」と問えば、たいていその調査協力者が恒常的に無責任な発言

を行っていることを知っている人の名前は出てくるし、端的に「私の前で同じことを言えますか、とその方に聞いてください」という申し出がなされることもある。心配する必要はない。「直接対決」を行うケースはほとんどないからである。いい加減な供述をしている調査協力者は本人と向き合うほど腹は座っていない。

　調査協力者にその旨を伝えると「私の思い違いだったかもしれない」とか「まさか本人に言うとは思わなかった。人間関係が悪くなる。どうしてくれるんだ」などと言って「もう私は関係ない」などと言って逃げるから「直接対決」は実現しない。

　調査協力者への対応は各社まちまちで、通報者としっかり連携して誰が調査協力者として適任かということについて意見交換する企業もあれば、通報者と意見交換することなく独自に調査協力者を選定したり（調査担当者と面識があるといった程度の理由が多い）、果ては調査協力者として誰の聴取をしたかについてすら通報者に説明しない企業もある。真実にたどりつくためにいずれが適切かは言うまでもない。

⑧記憶を正しく相手に伝えることは難しい

　経験した事実をそもそも正確に記憶しているかどうかという問題や、記憶した経験が意図せずとも変容されてしまうことがあることについては既に触れた通りであるが、正確性に必ずしも信頼できない部分があるにせよ、記憶しているものをできるだけ正確に供述しようと努める人はたくさんいる。

　ただ、心に投影された記憶を言葉に変換するときに、正確な変換ができないこともしばしば発生することである。事実と意見を混同して話してしまう人、事実を正確に伝えることが苦手な人（語彙力の問題や論理的な説明が苦手といった事情によることが多い）もいる。また、話者と聞き手の概念についての認識相違（話者にとっては2回繰り返して指導されたことを「しつこい」と感じているが、聞き手は「しつこい」というレベルについて4〜5回繰り返したレベルと認識していれば、「しつこい」という言葉を使っている二者間がイメージしている事実は食い違っていることになる）といった事情もある。したがって、話者が伝えたいと考えている事実、あるいは伝わったと考えている事実が、聞き手の認識とは別の事実となっていることは十分にあり得ることである。

このことを念頭に置いておくと、聴取段階（事実を収集するステージ）において少しでも正確に聴取しようという姿勢につながる。そして、評価・認定の際（事実を認定するステージ）にも人の供述にはそういった不正確な部分が内在していることを意識していれば、不整合な供述について安易に嘘としてしまうことなく補充調査を行った方がよいかもしれないという慎重な対応につながることになる。

3 証拠が欠落もしくは整合しない場面

　ストーリーを裏付ける証拠が存在しない場面もしばしば生じうる。通報者と通報対象者の供述証拠はあるが、両者が全く正反対のことを言っている場面のように供述が整合しない場面も生じうる。

　ハラスメント事件（原告と被告の供述が全く整合しなかった事件）の被告男性のハラスメント発言について「原告女性の主張するような文言を一字一句違わず被告男性が言ったとまでは認められないものの、被告課長は原告女性がほぼ主張する通りの言葉を発したとはいわないがほぼ原告女性が主張した通りの言動があった」と裁判所が認定した件については、前述の通りである（4章5項1③）。

　よって、たとえ、証拠が整合しない場合であっても、内部通報制度の評価・事実認定においても、同様に供述態度や供述内容を総合的に判断して一定の結論を認定することは可能である。

　さりながら、企業の調査担当者は通報対象者が通報事実を認めないときに、その事実を認定することにとても抵抗感を感じているようだ。

　最終的には、会社が認定した事実に基づいて一定の処分を課した場合、その処分の有効性は民事裁判で争われ、裁判における主たる争点は「認定した事実が合理的なものか」「認定した事実が合理的なものとして課された処分が相当性を有するか」となる。したがって、民事裁判となっても合理性を主張立証することが可能なレベルの事実認定といえるかどうかを精査して、これなら認定の合理性をきちんと主張立証できると判断できるならば、通報対象者が事実を認めなくとも自信を持って認定すべきである。

4 経験則の罠に陥るな

　事実認定において注意しなければならないことは、ストーリーを綺麗に証拠で紡げないときに、安易に「経験則」を「つなぎ」に用いないことである。

　瀬木氏は「経験則を推論のための大きな前提としてあからさまに持ち出す議論は非常に脆弱なものになりやすい（経験則の落とし穴）ということなのである。それは、思い込み、憶測と紙一重のものとなる危険を常にはらんでいる」とこの点について指摘する。「（訴訟）当事者の主張においては、こうしたことは日常茶飯事である。立証の弱い部分についてそのことを糊塗するために『経験則からいえば相手の行動はこのようにしか解釈できない』と主張する例は極めて多い」（瀬木：実務と焦点、294頁）という耳の痛い指摘もある。

　この指摘は、経験則をストーリーを紡ぐ際に使うなということではなく、慎重に使うべきということだ。丁寧に認定すれば経験則など持ち出すこともなく認定できる事案について経験則で片付けてしまうと、丁寧に認定を行うという習慣自体が失われることになってしまう。

　「通報者は人望の厚い人物だから、そのような通報者に対してハラスメント発言を行うことはおよそ考えられない」という私が遭遇した事実認定の中で、もっとも雑な事実認定も経験則という言葉こそ使っていないが、「通報者は人望が厚い」という評価と「人望が厚い通報者に対してハラスメント発言を行うことはない」という2つをブリッジするのは経験則である。「通報者は人望が厚い」という評価を前提に、経験則に照らせば「そのような人に対するハラスメント発言を行うことはない」としているのである。それでは「人望が厚い人物はハラスメント被害に遭うことはない」ということになってしまう。それこそ「経験則に照らせばおかしい」認定なのである。要は「経験則」の使い方が間違っているのである。

　このような安易な経験則の使い方の結果として出てきた認定は、訴訟で争われたときは、その認定の合理性を維持することは極めて難しいと思われる。

5 事実認定に不服申立制度はない

1 事実認定に真摯に向き合う

　事実認定には、裁判制度のような控訴といった制度はない。

　したがって、通報者に対して胸を張れるだけの事実認定を行う重大な責任が調査担当者にあることを十分に留意すべきである。

　事実の把握については、瀬木氏は次の３つの事柄を指摘するが（瀬木：入門、115頁以下）、これもまた私が調査に際して常に心に留めていることである。

　「当事者の話は、全体として、大筋で納得できるものか。」
　「書証、ことに客観的な書証との整合性は取れているか。」
　「当事者本人が積極的にふれたがらない部分や欠落部分、相互に矛盾している部分はないか。」

　大筋において納得できる話を裏付ける客観的な証拠があれば事実を認定するハードルは下がる。しかし、せっかく下がったハードルを上げてしまう相反する言動を謀らずとも人はしてしまうことは既に述べた通りである。記憶の変容や欠落により不利なことを意図せずとも秘匿したり、供述能力が十分でないため事実と異なる説明になってしまうことはままあることだ。プロである弁護士たる私ですら、どれだけ根を詰めて証人尋問の準備を行い、証人の指導をしても、証人尋問を終えて反省すべき点が全くないということはそうはない。調査を受けるという初めての経験をプロの指導もなく当事者はするのである。

　事実を認定するステージでは、これらの事項に心を配り、事実に辿り着くことに真摯に向き合うべきである。繰り返しになるが、その有効な方策は、収集した事実と証拠を、先の瀬木氏の指摘する先の３つの事柄を心に留め、頭を冷やして分析したうえで、何を補充調査すべきかということを検討することだ。

2　思い込みや決めつけを排除する

　瀬木氏の著作に極めて怖い事例が記されているので紹介したい（瀬木：入門、254頁）。

　事案は、原告はややうさんくさい人物で、被告はかなり信用ある金融機関というもので、原告は被告に対して5,000万円の不法行為に基づく損害賠償請求を行ったというものである。金融機関の職員が預金の預け替えとこれにかかわる手形処理に関連して不正な操作を行ったというものが原告の主張である。原告の主張の具体的な内容は、悪徳銀行マンたちが暗躍する通俗小説のように手の込んだ複数の職員の共謀行為というものだったからか、第一審は原告の請求をあっさり棄却した。

　控訴審の主任裁判官であった瀬木氏も第一審判決を読んだ第一印象として特に問題の大きな事案というほどのものではなかったとのことである。ただ「経験則上金融機関の職員はそのようなことはしないと考えられる」といった予断の感じられる言葉にやや引っかかりを覚えたそうである。

　そのような引っかかりがあったこともあったのだろう。瀬木氏は、訴訟記録を再度隅々まで読むとともに、証拠の見方について、被告の主張中心に証拠をみることをやめ、距離を置いた高みからそれらを分析し直したそうである。すると「いくつかの、客観的で動かしにくい原告に有利な事実が、飛び石のように浮かびあがってきた」とのことである。

　被告代理人らに「このような証拠評価もありうると思うけど、いかがでしょうか」と問いかけたところ、被告代理人らは、さっと顔色を変え、「至急検討します」として最終的に被告の「かなり信用のある金融機関」は4,000万円の和解金を支払うに至ったというのが顛末である。

　この事案を私が極めて怖い事案と感じたのは、果たして全ての控訴審裁判官が瀬木氏と同様の第一審判決の読み方、証拠の読み方をしたかというと甚だ疑問という点が一つ。もう一つは、瀬木氏は「客観的で動かしにくい原告に有利な事実」に気付いたが、「経験則上金融機関の職員はそのようなことはしない」といった思い込みがあれば、その気付きはなかったのではないかという点である。

　内部通報調査においても、思い込みによって「客観的で動かしにくい通報者もしくは通報対象者に有利な事実」を見落としてしまうことは十分にあり得ることである。内部通報の事実認定の誤りが4,000万円もの金員の得喪につながることはあり得ないが、事実認定の誤りによって真実を語る者の主張が真実ではないと認定されてしまったとき、それはその人の名誉や正直に生きることを信条としてきた生き方そのものの否定ともなりかねない。それはその人にとって金員の得喪よりはるかに重大なことかもしれないのである。

　このような誤りを犯さないためにも、調査担当者は、思い込みや決めつけを排して客観的で動かしにくい事実を軸に事実認定を行うことについてしっかりと肝に銘じるべきである。

事例研究

　ここからは、内部通報の仮想事例をもとに、事実認定の実践手法を説明していく。前項で述べた「思い込みや決めつけを排除して客観的で動かしにくい事実を軸に事実認定を行う」トレーニングの素材とされたい。

1　内部通報に対する調査担当者の対応

①内部通報事例の概要

　Ｘ男とＹ女は某企業の同じ部署に勤務する者である。

　Ｘは部長、Ｙは係長である。令和２年７月13日、ＸよりＹに対して、行き過ぎ（厚労省のパワハラ区分でいうと「精神的攻撃」に該当する可能性あり）と捉えられる可能性のある発言が時間にして10分ほど繰り返しなされた。Ｘは出先から会社貸与携帯でＹの会社貸与携帯に電話した模様。

　ＸはＹの部下のＡ（女性）が退職を考えている件について、退職の原因は全てＹにあるとして、Ｙに対し、「私はあなた（Ｙ）の問題点をＡさんと面談して全て把握している。あなたは生き方からして全面的に変わらなければならないということに気付きなさい。あなたが変わらなければ新入社員の部下のＢ君（男性）も早晩辞めてしまうよ」とＹに申し向けた。

　Ｙは「Ａさんと面談されたそうですが、私との面談もしないでそのような一方的な話には納得できません」とＸに返したが、Ｙの言い分にＸは一切耳を傾けず「あなた（Ｙ）の問題点を私は全て分かっているからあなたと話す必要はありません。そんなことを言ってるから、いつまでたってもダメ係長なんだ。自分のダメさ加減をあなた自身が自覚していないことが問題だ。変わるべきはあなただ。私は二度Ａさんと食事をしながら面談し、二度目はアルコールも入っていたからＡさんの本心は全部聞かせてもらった。問題はあなたにある」と自論を執拗に押し付けるのみであった。

　前の週の７月７日にもＹはＸよりＸが薦めるビジネス書をＹの自費で購入して勉強するようにしつこく言われたこともあり、同じ会社に勤務する他部門で部長を務める夫Ｚに勤務時間中ではあったが電話を入れて「Ｘの持論の押し付

けにはもう限界だ」とＸの発言を引用して涙ながらに訴えた。

　Ｚは、Ｘと社内の合同プロジェクトのリーダー（Ｘがリーダー、Ｚがサブリーダー）だったこともあり、Ｘとの人間関係維持をも頭の片隅におきながら「Ｙはストレスで胃炎になることがあり、実は10日前から投薬治療も受けている。身体も丈夫な方ではないから、良かれと思ってであったとして自論をあまり強く押し付けるのは遠慮いただきたい。また新入社員のＢ君が早晩辞めるという発言は問題ではないか」と妻であるＹの電話報告を受けた直後に社内メールを送った。Ｘからは「今後気を付ける」との返信が届いた。なおＺはＹに先のメールをccで送ることはなく「私からＸには行き過ぎのないようにお願いしておいた。Ｘからは以後注意すると返信がきた」とその夜、口頭で伝えた。

　ＹはＸとの電話を終えた後、胃痛が始まりその夜には吐瀉した胃液の中に僅かながら血が混じっていた。様子を見ても胃痛が収まらないため、２日後の７月15日にはクリニックにて「ストレス性急性胃炎」と診断され投薬治療を開始するに至った（診断書あり）。

　Ｚは、妻の発病のことを３ヵ月経過した頃にコンプライアンス部長にポロっともらしたところ、コンプライアンス部長は「パワハラ事案となる可能性があるのではないか」とコメントしたが、Ｚは社内の合同プロジェクトが進行中ゆえ、プロジェクトが一段落つくまであまり事を荒立てたくないと返した。Ｙは夫Ｚの対応に若干の不満は感じたが、コンプライアンス部門が問題事象の可能性があるとコメントしたことについては「やはり、この会社のコンプライアンス部門はしっかりしているな」と安堵の気持ちを感じた。

　しかしながら半年経過したが合同プロジェクトは、ＺがＸにたびたび進言したにもかかわらずＸがしかるべきリーダーシップを発揮しなかったこともあり遅々として進まない状況にあった。

　ＹはＸの言動についてきちんとコンプライアンス部門にて、その言動が適切であったかどうかについて判断してもらいたいと考え、Ｚも社内合同プロジェクトが停滞してしまっている現状に鑑み、プロジェクトについて配慮する必要性はなくなったと考え、コンプライアンス部長に妻Ｙの意向を伝えた。

第5章
内部通報制度の実践手法②事実認定

②調査担当者の対応

　以上の事例を調査担当者として取り扱うこととなった場合、調査担当者としてすべきことは何だろうか。

　まずは「Xのハラスメントの可能性のある言動」について、その言動を向けられた本件の通報者となるYの話をきちんと聴くことがスタートとなるべきことには異論ないだろう。

　AとZは調査協力者として事情を聞く必要があるが、Aは退職しているから調査協力は難しいかもしれない。「早晩辞める」とXに名指しされたBの話も聞く必要があるだろう。

　Zが、Xに対して送信したメールも押さえなければならないし、Yの診断書も必要になる。

　また、書籍購入の強要については、他の社員も同種のことをされている可能性があるので、調査を検討する必要がある。

　以上の通報者聴取と調査協力者聴取とメールや診断書といった物証を精査したうえでXに対する質問事項を練り上げて、Xの調査を開始することになろう。

　以上があるべき調査担当者の対応だが、調査担当者はメールをプリントし、Yに診断書を提出させたものの、通報者Yの聴取を行ったあと、ＡＢの調査を試みることなく、調査担当者と知己のある他部門の社員WがXとZの双方を知っているのでWからも事情を聞いた。WによるとZがYを怒鳴りつけているところを見たことがあるとのことだった。そのうえで、Xの調査を行ったところ、Xは全てを否認した。また、Xは、Yの部下Aと食事をした際に、Aから「Yの夫Zが家庭内では相当ヤバイ男で、手は出るし、正座させられて説教させられたとYがぼやいてました」という話を聞いたことも調査担当者に話した。またXは、AはYとソリが合わず、そのこともAの退職の原因であることも話した（Xの問題発言があったとされる数日後にAは退社している）。

　そこで、調査担当者は、内部通報に関して適宜アドバイスをもらっている弁護士に相談にいくこととなった。

　なお、調査担当者が通報者たるYを聴取した際に、Yは話している最中に当時の10分間を思い出したのか号泣してしまった。立ち会った女性社員は即座にティッシュを差し出すなど適切な対応を行った。

2　内部通報制度担当弁護士と調査担当者の仮想ディスカッション

　以上の事実関係について、この会社の内部通報制度を担当する弁護士と内部通報調査担当者たる社員の仮想ディスカッションを読み、どこに問題があるのか考えてみていただきたい。

：弁護士　：社員

 通報者Ｙさんの調査で把握した調査すべき本件通報事実とはどのようなものになりますか。

 コンプライアンス上問題となるかどうかという点で調査すべき事実は３点です。
　まず、令和２年７月13日、ＸさんよりＹさんに対して精神的攻撃と捉えられる可能性のある発言が時間にして約10分繰り返しなされたという事実の存否。この事実には、発言内容と通話時間も含まれます。次に、令和２年７月７日にもＹさんはＸさんよりＸさんが薦めるビジネス書をＹさんの自費で購入して勉強するようにしつこく言われた事実の存否。それから７月15日にＹさんがストレス性急性胃炎を発症し投薬治療を開始した事実の存否。以上３点だと思います。

 そうですね。ハラスメントに該当する可能性のある行為は、あなたが指摘した10分の精神的攻撃の可能性のある発言の存否と書籍購入の強要の存否ですね。またそれらの言動の結果と評価できるかどうかはともかくストレス性急性胃炎を発病した事実は被害事実として確認しておく必要がありますね。
　ところで、Ｘさんは精神的攻撃と評価される可能性のある発言について全て否認しているそうですが、あなたはこの点についてはどう考えていますか。

 まず、Ｙさんが当社の〇〇部に勤務する夫であるＺ部長に即電話を入れたそうですが、電話を受けたＺさんから即時にＸさんにＸとＹの間における具体的な発言（Ｂ君も早晩辞める）を引用した抗議メールが送信されているので、ＸさんのＹさんに対する何らかの発言がなされた可能性はそれなりにあると思います。

問題の言動がなされた6日前の7月7日にビジネス書を自費で購入して勉強せよとXさんがYさんに言われた件についてはどうですか。

その点は、結局YさんはXさんの書籍購入についても行き過ぎと感じて購入していないとのことで、書籍購入を強要したかどうかは分かりません。Xさんもその本はビジネスパーソンにとって有益な本だからYさんに薦めたが、自費で購入を強制したことはないとのことです。

そうですか。ストレス性急性胃炎についてはいかがですか。そうそう、あなたは、この病気がどういう病気か調べましたか。

あー、そこは、急に胃が痛くなる病気なんだろうなあと理解したので特に調べていません。

そういうことはきちんと調べておくべきですね。ストレスが原因といった指摘もあるし、実際に診断書にも「ストレス性」とあるので、聴取の際にもそのあたりは本来注意しなければならないことです。

聴取の際もYさんが、Xさんの発言を話しているとき、突然号泣したので、相当辛い経験だったのだなあと思いましたが、たしかに聴取で病気を悪化させたりしたら大変なことになりますね。

今回は問題発生と通報までにタイムラグがあるから通報者に通報者の体調を気遣う言葉をかけることもしていないんでしょうね。

すいません。

調査における基本スタンスは「通報者ファースト」という意識です。これを持っているだけで全然違ってくるんです。そうそう、それで診断書上、7月15日に通院した際にストレス性急性胃炎を発症していたことは明らかなのですか。

はい、そこは間違いありません。ただストレスの原因までは診断書には書いてありませんでした。

 でもZさんがXに送信したメールには「Yさんが、ストレスで胃炎となることがあり、実は10日前から投薬治療も受けている」という記述があるんでしょ。

 そうなんですよ。Xさんの問題の言動があった7月13日の10日前から胃炎の投薬治療を受けているということであれば、胃炎は13日のXさんの言動と因果関係がないという可能性も出てきます。

 Zさんのメールにそのような記載があるということと、そこに記載されている事実が真実かということは必ずしも重ならないと思いますが。

 ただYさんとZさんは夫婦ですから、Zさんが妻のYさんの病状について敢えて虚偽のことを書くとは思えませんが。

 それが「経験則」ということですか。

 ……まあ、ほとんどの人は私と同様に考えると思うので「経験則」と言われれば「経験則」となりますかね。

 それはちょっと安易ではないですか。Xさんの言動があった7月13日の2日後の7月15日にYさんはストレス性急性胃炎との診断が書いてある診断書がありますね。そうすると7月13日の10日前の7月3日から胃炎で投薬治療を受けていたということと、2日後の7月15日からストレス性急性胃炎の投薬治療との関係がよく分からないですね。

 たしかに2つの治療の関係がよく分からないですね。

分からないまま調査を進めたり、認定するといったことは絶対に
やっちゃダメですよ。分からない部分を推測や経験則で埋めて進め
るのはアウトです。どうすればいいと思いますか。

病院に事情を聞きに行くという方法がありますね。

２つの治療の病院は同じなんですか。

そこは未確認です。

まあ、病院が特定できたとしても個人情報の関係があるから、受診
したＹさんにお願いするほかないと思います。ただ、そもそも７月
３日に治療は受けてないかもしれないですよね。

すみません。ちょっと意味が分からないのですが。

だって７月15日の治療の診断書は出てきましたが、７月３日の治療
についての客観的な証拠はないでしょ。

でもＹさんの御主人であるＺさんが「10日前」という具体的な日も
明記してメールに残しているんですよ。

ですからメールは客観的な証拠ですから証拠の価値は高いですが、
そこに「そのような記載がある」という事実の客観的な証拠という
までのことであって、「そこに記載されている事実があるかないか」
ということの証拠にはなりませんよね。そのような記載があるとい
うことは、もう覆せません。ただメールに記載してある内容それ自
体を担保するものではないですよね。

夫であるＺさんが嘘を吐いているというのですか。

人は大切な家族を守るために他人を傷つけない嘘を吐くことはあるかもしれませんね。いずれにせよＺさんに確認してみればいいじゃないですか。「この記載はどういうことですか」と。何か新事実が出てくる可能性があるかもしれない。そうそうＡさんとＢ君を調査しないで、Ｗさんから話を聞いたのはなぜですか。

Ａさんは退職しているし、ご実家に戻られたそうで遠方なので、ちょっと難しいかなと思いました。Ｂ君は新入社員だし、まあ、そんな重要な調査協力者ではないかなと思いました。Ｗさんは、ＸとＺ双方を知っているので、両名の人となりを第三者としてどう見ているか確認しようと思いました。

Ａさんは、断られるかもしれないですが、調査を試みようともしないことはよくないですね。遠方って言っても電話でできることもありますね。Ｂ君を調査しない理由はないと思いますよ。Ｙさんが、Ｘさんの指摘する通りのダメ上司でＢ君が退社や転職を考えているという事実が出てくるかもしれないですよ。Ｗさんについては、ＺさんがＹさんを怒鳴りつけたところを見たことがあるとありますが、怒鳴りつけた事実についてＺさんやＹさんに確認しましたか。

すみません。確認してません。夫婦間のことだから、確認しても「そんなことないです」と言うでしょうし。

少し推測が多すぎますね。事実を経験しているのは本人なんだから、本人に確認しないまま、ＺさんがＹさんを怒鳴りつけたということが動かぬ事実になってしまったらＺさんやＹさんの手続保障がないですよ。

はい、確認します。

Ｘさん経由で入ってきたＡさんの、「Ｚさんがヤバイ男でＹさんに手をあげる」という情報は、確認しましたか？

いやあ…それはできないです。Ｚは部長ですし。社内ならともかく家族のことですし。

家族のプライバシーに関する質問には慎重であってください。ただ、Ｚさんがヤバイ男なら、それが原因でストレス性急性胃炎になった可能性も出てくるわけです。ストレス性急性胃炎になったことは被害事実だから、その原因を特定するために必要な確認です。

たしかに。

なんか怖くなってきますね。あなたの調査だと、当事者に確認していないことが、どんどん既成事実になってしまい、それが認定の基礎になるわけですよ。事実収集の場面で、もう少しきちんと対応しないと冤罪を生んじゃいますよ。

当事者にとってマイナスの事実が出てきたら、必ず当事者に確認するようにします。たしかにいろんな遠慮があったっし、Ｚさんが怒鳴ったり、手を出したことについてはＷさんやＡさんという第三者の話だからある程度信じていいかなと思いました。

第三者は中立というのは幻想ですよ。Ａさんの上司であるＹへの複雑な思いもあるだろうし、Ｗさんだって、ＺとＸともに部長なんだから、どっちの味方をした方がいいかなといったことを考える可能性もありますね。ただ、どっちの味方が得かなんてことはそれも推測だからどうでもよくて、とにかくＺさんとＹさんに確認をとらずに決めるのは絶対ダメです。

もう一度、ゼロベースで考えてみます。

頑張ってください。それからね、本の購入の件ですが、Ｙさん以外に「本を買って勉強しろ」と言われた人が他にもいる可能性があるんじゃないですか。そこも確認すべきではないですか。

 分かりました。

 そうそう、ＸさんはＡさんと二度食事をしながら面談して二度目の食事の際は飲酒もしたとのことですが、あなたの会社はそういうことは問題ないんですか？

 二回とも次長（男性）も同席していたそうです。ギリギリセーフって感じですね。

 食事付の面談の時期は押さえておいた方がいいですね。

 分かりました。

・・・・・１週間後・・・・・・・・・・・・・・・・・・・・・・・・・・・・

 Ｚさんに確認しました。まずメールに10日前から胃炎で投薬治療を受けていると書いた件ですが、Ｚさんは、本の購入の件で奥さんのＹさんが嫌な思いをしたことを奥さんから聞いていたこともあり、かつ問題の発言があったとされる７月13日に妻のＹさんが泣きながら電話してきたことも相まって、Ｚさんは「Ｘは少し押し付けが過ぎるな」と感じて、Ｘには少し強めに言っておく必要があると思い「10日前から胃炎で投薬治療を受けている」とフェイク情報を入れて牽制したそうです。

でも、Zさんが言っている通りフェイク情報かどうかということも、単にZさんが言っているだけのことですよね。Xさん経由の退職したAさんからの伝聞情報ではありますが、ZさんはYさんを正座させて説教することもあるというのだから、ZさんのDVが原因で本当に10日前から胃炎になっている可能性もありますよね。

実は、前回の報告の際に、私の頭の中にその可能性はありました。ところがですね、YZご夫婦が13日の問題発言があったとされる日の7日前の7月6日に大学病院の人間ドックを受診されていて、その受診結果もYさんから提出いただきました。胃カメラも入れたそうですが綺麗な胃の写真も、検査報告書の異常なしという点も確認しました。

そのような固い客観的証拠が出されたのであれば、10日前からの胃炎の投薬治療というのは行き過ぎたXさんを牽制するためのZさんが妻であるYさんを守るために咄嗟についたフェイクということは合理的な説明がつきますね。

そうですね。Xの問題となる発言がなされるまではYさんの胃は異常がなかったということはほぼ確実です。

ただ、ZさんがAさんやWさんが言うように、手をあげたり、怒鳴りつける人なら、大学病院で検査してから近所のクリニックに行くまでの間に胃炎にならないとは限らないですけどね。その点はどうでしたか。

Aさんには「もう辞めた会社だから勘弁してください」と言われました。

当事者たるYさんとZさんはどうでしたか。

手をあげる等については、Ｙさんは鼻で笑って「ありえない」と答えました。Ｚさんは「俺が？俺が妻に手を出した？正座させた？」とバカ受けでした。ちなみにＢ君が、音楽の趣味がＺさんと共通で、ＹＺさんのご自宅に二度ほど遊びに行って、一緒に飲んだことがあるそうですが、とても仲の良い夫婦で自分も将来こんな家庭を持てたらいいなと思ったと話していました。

 やっぱり決めつけちゃいけないでしょ。ＡさんやＷさんの供述の通りＺさんが「実はヤバイ男」ならば、７月６日の大学病院の胃カメラの写真はどうなっていたと思いますか。

 Ｚさんが恒常的なＤＶをＹさんに行っていたのであれば、胃がボロボロの写真が出てくると思います。

 そもそもＹＺご夫婦はそのような検査結果を出せないでしょうね。

 たしかにそうですね。大学病院で検査を受けたことは黙っていれば分からないのだから黙っていたと思います。ところが、実際に提出された胃カメラの写真は綺麗なもので検査結果報告書にも異常なしとありました。

 大学病院の検査結果報告は客観的で信用性の高い証拠ですから、そのような動かぬ証拠を軸に事実認定は行うべきですね。

 たしかに。しかも、社内でＹさんは結構Ｚさんのことを「全くわがままで困るのよ。うちには５歳児がいるみたい」といったＢさんから見れば「それってノロケ」といった話をするそうで、結婚したくても相手の男性に逃げられてばかりのＡさんは面白くなかったように見えたそうです。

 Ａさんが男性に逃げられたなんて、どうして分かるの。

社内で、新しい彼氏が出来たといったことを公然と話すから皆知っています。2人の名前があがりましたが、2人とも別の女性と結婚しています。

怒鳴りつけてたというWさんの話はどうですか。

それについては、たしかにWさんの前でZが怒鳴りつけたことはありますが、それはYさんやWさんに怒鳴ったのではなく、エアコンのクリーニング業者とトラブルがあって、携帯電話でWさんとYさんがいる前で業者に怒鳴ったことはあるが、それ以外、YZWの3名が同時に同じ場所にいたことはないとのことでした。

Wさんに確認しましたか。

「あれっ、そうだったっけ……業者さん？　私勘違いしてたかなあ」という回答でした。

あんまり当てにならないですね。
そもそもAさんやWさんによるZさんは実はDV夫という話は、7月6日の大学病院の検査日より前の話なんですか。後の話なんですか。

先日、アドバイスをいただいたので食事付の面談時期は確認しました。検査日の7月6日より前の話です。Wさんの話も前の話でした。今問題とすべきは7月6日の大学病院の検査時点でYさんの胃が正常だったという事実と、7月15日にストレス性急性胃炎の発病までの間に、誰のどのような言動が発病の原因となったかということですから、AさんやWさんの話はますます関係なくなりますね。ただ疑うとキリがないんですが……。

いいんじゃないですか。調査担当者は疑り深いくらいでいいんですよ。

問題発言があったとされる7月13日の2日後の15日のクリニックで診察を受けておけば、いざというときに診断書が使えますよね。Yさんは強引なXさんに少なからず悪感情を持っていたわけだし。

YさんやZさんは、クリニックに通院した7月15日にこの件をパワハラで問題にしてやろうと考えていたのですか。

たしかに、この件がパワハラになるかもしれないという示唆をコンプライアンス部長からZさんが受けたのは3ヵ月後だし、Zさん自身、Xさんとの合同プロジェクトの成功に向けてきちんと連携しようとしていたわけですから、7月15日の時点でパワハラという認識もないのに、パワハラ申告のために診断書を用意するということはあり得ないですね。

今現在は、YさんもZさんもXさんには悪感情を持っているかもしれませんが、判断基準とすべき時はやっぱり行為時しかないですね。ところで、Zさんは合同プロジェクトにおいてXさんのサブリーダーだったそうですが、現在のZさんとXさんの関係はどうですか。

合同プロジェクト立ち上げ時はリーダーとなるXさんを支援していたそうですが、今現在は、リーダーシップを発揮しないXさんに懐疑的です。

単刀直入に聴きますが、あなたは問題発言の10日前から胃炎で投薬治療を受けているというZさんのメールとAさんの「Zさんはヤバイ奴」という発言と「WさんがZさんがYさんを怒鳴っているのを見た」という発言から、この事案はZさんが原因でYさんが胃炎になったことを、プロジェクトでXさんがリーダーシップをとらないことに憤慨したZさんがXさんのせいにしようとしたと考えていませんでしたか。

正直、Zさんの「10日前から胃炎だった」というメールを見つけた時、「なんだXさんじゃないじゃん。Zさんじゃん」と思ったことは事実です。そのうえ、AさんやWさんの発言があったので確信に近いものがありました。

でも大学病院の検査結果も出てくるし、XさんがAさんから聞いた話もBさんの話と総合するとちょっとよく分からないですね。Wさんの話もしかりです。どこで間違えたか分かりますか。

うーん……、どこで間違えちゃったかなあ……。

「事実を収集するステージ」と「事実を評価認定するステージ」をきちんと分けていないから間違えちゃったんだと思いますよ。事実を収集する過程で、「紙ベースのメールという証拠を見つけた。しかもZさんが書いたものだ」という段階で、まだまだ事実を収集しなければ真実にはたどりつけないのに、ほとんど結論ありきになってしまった。そうなってしまうと、自分の心証にそった証拠しか見えなくなります。ここは本当に気を付けた方がいいですよ。

ステージをきちんと分けるということですね。これからは気を付けます。

よし、一旦整理しましょう。まず7月13日のXさんの問題発言があった可能性は現時点で残ってますね。ただ、何を言ったかはXさんとYさんの言い分は食い違っている。ZさんのYさんへのDVで問題発言の10日前からYさんが胃炎になっていたという可能性は消えましたね。7日前に胃が正常だという大学病院の検査結果が証拠提出されていますから。そもそも「Zさんがヤバイ奴」とかという話はYさんと人間関係が良くないAさんが言っていたというXさんの供述ですね。あなたはこのあたりのことはどう考えたのですか。

Aさんはこの件の第三者ではありますが、Yさんとの関係がうまくいってなかったこともあり、またXさんもパワハラで問疑されている立場ですから、胃炎の原因は自分ではないというストーリーはXさんにとって魅力的なストーリーだから、Aさんが本当に「Zさんはヤバイ奴」なんていう話をしたかどうかも分かりませんが、Xさんが使いたくなるエピソードであることは間違いないですね。

結局、そういう刺激的なDV話とＺさんの「10日前から胃炎で投薬治療」というメールにあなたが飛びついちゃったってことになりますね。

正直「お宝メール見つけた！」と思考停止になっていました。妻のＹさんのことを夫であるＺさんがメールに書いたのだから、ここは動かぬ事実の客観的証拠を発見したという意識でした。

電子メールや手帳は客観的証拠だから証拠としての価値は高いです。ただ、録音もそうですが、そこで話している内容について「このように話した事実がある」という証拠であって、「話した内容が事実かどうか」はきちんと確認する必要があります。

たしかに。Ｚさんに「この記載ってどういう意味ですか」と確認すれば済んだ話でした。Ｚさんが「これは妻をＸから守るための嘘です」と言っただけでは完全に信用することはできませんが、7日前の大学病院の検査で胃が正常であることの診断が出ていることに照らしてＺさんの説明は全くもって合理的であることが明らかになりました。

Ａさんの話は、Ｘが「Ａがそう言っていた」と供述しているだけのことですから、そもそも証拠上裏付けのある話とまでは言えないですが、夫であるＺさんが書いたメールという確たる証拠を見つけたというところで、DV話の信用性まで高く見えてしまったということですね。

はい。Ｚさんのメールで胃炎の原因を作ったのはＸさんということは成りたたなくなると思い込んでしまったので、じゃあ誰が原因かと考えたときＡさんの話がピタっとはまったのでＡさんの発言の信憑性についての検討は甘かったと思います。

丁寧さと慎重さを欠いた嫌いはありましたね。ところで、書籍購入の件はどうでした。

書籍購入の件は、Ｙさんは結局Ｘさんの押し付けに反発して買わなかったそうです。ですが、それだけでは強要があったかどうかは分かりませんでした。

それだけではたしかに分かりませんね。ただ、どうでしょう。部下に「この本を買って勉強しろ」という発言がもし本当にあったのなら、その部の部員の何人かは同様のことを言われている可能性がありますね。まだ部下の方々の調査をやってないんですか。

ＸさんのＹさんへの発言の調査で手一杯でした。たしかに、この部門の全員をダミー調査すれば見えてくるものがありますね。

書籍の購入の件だけで全員をダミー調査というのは行き過ぎの感もありますが、本丸の論点はパワハラですから、Ｘさんのパラハラ傾向についてダミー調査で有益な情報を得らえる可能性を見込めるのでそこまでやる価値はあると思います。特に二度の食事付の面談に同席した次長さん。彼はＡさんの発言を聞いているはずだし、Ｘ部長とＡさんの二度の食事について思うことがあるかもしれません。

それが、次長なんですが、突如辞めてしまったんです。

本当ですか。彼はＸさんを近くで見ている人だから是非話を聞いておきたかったですね

ダミー調査に合わせて調査協力をお願いしてみます。

それでは、次はパワハラの成否の問題ですが、どのように考えますか。

ここは言い分が食い違っていてなかなか難しいところです。

Zさんは暴言があったとされる直後にXさんに「B君も早晩退職する」といった発言を妻であるYに対して行うのは不適切という指摘をメールしてますね。

そこは個別具体的な指摘だから信憑性は高いですね。かつ何も問題発言がないのに、その発言があったとされる直後にZさんからXさんに抗議のメールが送られるはずはないので、XさんはYさんに何かは言ったんでしょうね。

何を言ったのかの全貌はよく分からないけど、「B君も早晩退職する」という発言はあった可能性は高いですね。そこも含めて問題発言を全否定している点は不自然ですね。

ただ仮に「B君も早晩退職する」という発言だけ認定できてもパワハラというのはハードル高くないですか。

その発言だけでは全然高いですね。ただ、まだハードルが高いとか低いという議論をするのは早いですよ。Xさんが何を言ったかについてはいろいろ調査すべきことがあると思いますよ。通話時間が10分という点は裏をとりましたか。

はい。裏をとりました。10分強です。

それならね。Xさんに「業務指示とのことですが、どんなことを話したのか一度よく思い出してまとめておいてください」ってお願いして、そのメモを元に実際にやりとりを再現してもらうといいですよ。その際に通話時間は10分だということは伏せておいてください。

分かりました。Xさんの業務指示のみというストーリーが真実なら2分、3分で終わってしまいますからね。

冴えてますね。10分という通話時間は長いです。かつ、これは動かぬ客観的な証拠です。私はタイムチャージで仕事することがあるので電話の通話時間もつけてるけど「こいつ分からんやっちゃなあ」というように問答になるときは別として、単なる業務指示や事務連絡はだいたい3分以内で終わります。注意すべきは1回Xさんに話をさせて「3分」だったとしますね。それだけでXさんの話は嘘だと短絡しないこと。「それ以外何か話しませんでしたか」と、あなたからは最大限長くなるように機会提供をしたけど、それでも例えば5分強だったといった結果じゃないと意味ないですから。自分の欲しい事実を集めようという意識は捨てて、客観的事実に近づこうという意識でやってください。

分かりました。

3 事例のまとめ

　YがZに問題発言の直後にすぐに相談して、すぐにZからXに抗議のメールが届けられているのだから、何らかの問題発言があったことの確度は高い。あとは具体的な発言内容が何かという問題となる。先の電話の通話時間実験で5分程度がマックスという結果になれば、「どうして10分になるんですか」というところは突っ込みどころだし、書籍の購入についても、他の部員数名から自費購入を強く薦められたという事実が出てくれば、そういった事実もあわせて上手に聴取すれば本人が否認を続けたとしても問題発言を認定することは可能な場合もあると思われる。

　この点、客観的証拠の整理から判断の実際について考察することとする。

　事例研究事案はYの主張するXの発言について、Xは一切言っていないと述べている。まさに「言った・言わない」事案である。

　まず本件の客観的証拠は、以下の4点である。

①Yの配偶者ZからXへのメール（7月13日付）
②Yのストレス性急性胃炎の診断書（7月15日付）

③Ｙの大学病院の検査結果書（7月6日付）

④ＸのＹへの電話の通話時間が10分強であったこと

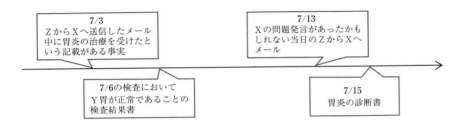

この客観的証拠から分かることは、以下の事実である。

①Ｙの配偶者ＺからＸへのメール（7月13日付）

⇒・Ｘの問題発言があったかもしれない当日ＺからＸへの抗議が行われた事実

　・ＺがＸに対して「新入社員の部下のＢ君も早晩辞めてしまうよ」とＸがＹに対して告げたことは問題ではないかと指摘した事実

　・ＺがＹは胃炎で10日前（7月3日）から投薬治療を受けていると記した事実

②Ｙのストレス性急性胃炎の診断書（7月15日付）

⇒・ＹがＸの問題発言があったかもしれない日である7月13日の2日後にストレス性急性胃炎と診断を受けた事実

③Ｙの大学病院の検査結果書（7月6日付）

⇒・Ｙが7月6日の時点で胃に問題がなかった事実

　仮想ディスカッションの中で担当者は、7月13日にＸの問題発言があったとしても、7月15日の胃炎の原因は、問題発言があったかもしれない7月13日より10日も前の7月3日に発生していたのではないかと、Ｘの問題発言とＹの発病との因果関係に疑問を感じたわけだが、この点については7月6日（Ｙの胃に何らかの問題がない）の大学病院の検査結果で解決済みとなる。

　なお、大学病院の検査日たる7月6日からストレス性急性胃炎が発病した7月15日の間にＺがＹにＤＶを行い、Ｙが発病したという仮説も検証すべきであるが、ＡやＷが供述したＺのＤＶは7月6日以前のものであるし、真実ＤＶがあったのであれば7月6日の大学病院の検査にて胃炎が発見されていたはずで

あるからZのDV説を維持するのは困難である。

　そうなると客観的証拠から明らかとなるのは、ⅰ）Xの問題発言があったかもしれない7月13日当日にZからXへの抗議が行われた事実と、ⅱ）その抗議の中に「新入社員の部下のB君も早晩辞めてしまうよ」というXの個別具体的な発言が記されていた事実、そしてⅲ）XのYへの電話の通話時間が10分強であった事実の3点となる。

　Zが配偶者Yを慮って「10日前から胃炎で投薬治療を受けている」と7月13日付メールに記したため、経験の浅い担当者は、7月15日付のストレス性急性胃炎の診断書とXの問題発言との因果関係について混乱してしまったが、冷静に客観的証拠を整理すると、客観的証拠から明らかとなる事実は先のⅰ～ⅲの3点となる。

　次に、供述内容との関係であるが、Xは電話にて業務指示以外の話はしていないと主張している。

　しかし、Yの配偶者Zが、Yから涙ながらの電話を受けたとされる直後に間を置かず、Xに自重を求めるメールを送信しており、その中で「新入社員のB君が早晩辞めるという発言は問題ではないか」とXの個別具体的な発言を引用して抗議しているメールは、YがXから「B君が早晩辞める」という内容を含め何らかの発言を受けた事実を強く推認させるメールである。このメールを発信した7月13日時点で、ZはYが発病することは未来のことであるから当然分からないし、将来的にXの当該発言についてパワハラとして問疑する気持ちもないので（2日後の妻たるYの発病を知る由もないから）、Zが将来的にXのパワハラが問題となることを見越して証拠となるメールを発信するというのは無理があり、行き過ぎたXに対しての自重を求めたメールと解するのが自然である。

　もう一つの重要なポイントは、「通話時間は10分超」という会社の貸与携帯の通話履歴である。

　先のメールと通話時間の2点の客観的証拠から、問題があったとされる日にXはYに対し「B君が早晩辞める」という発言を含む単なる業務指示に留まらない何らかの発言を行った可能性が相当程度高まることになる。

　他方でXは、Yに業務上の指示の電話しかしていないと述べている。

　仮想ディスカッションで触れたが、Xに通話時間が10分であることを伏せて、実際の業務指示の電話の再現事件やってみるというのも一つの有効な調査方法

といえよう。純粋に業務指示の電話であれば３分もあれば十分である。実際に調査担当者は、自身の業務上の電話でどのくらいの通話時間を要しているか３日間程検証してみるとよい。「説得する」とか「揉める」といった電話は10分以上要することもあるが、通常のビジネスの通話のほとんどは３分以内で終話するということに気付かれると思う。

　再現実験を繰り返しても５分を超えないという結果であれば、Ｘは何かを隠している可能性があるということになる。ことに「Ｂ君が早晩辞める」という個別具体的なＸの発言をＹから聞いたＹの夫Ｚが事案発生直後にメールの中に記しているが、その発言も含めてＸが全否定して「業務指示しかしていない」という点は、丁寧にたしかめる必要があるだろう。

　次にＹがＸの癖のある部下指導（自費で自分が推薦する図書を買って読めという指導）に反感を持っていた可能性があるが、そのことをもってＸを陥れるためのでっち上げの主張をしているかについて検討する必要がある。

　ＹがＸに反感を持っていたとしても、Ｘの説明通り真実Ｘが「業務指示の話しかしていない電話」であったのであれば、業務指示のみの電話を終えた直後にＹが夫であるＺに「部下のＢ君も早晩辞めると言われた」といったＸからすれば「全くの作り話」を電話で報告することは考えにくい。ＺがＸに対して「新入社員のＢ君が早晩辞めるという発言は問題ではないか」と電子メールで指摘したことに対して、Ｘが「えっ、それいったい何の話ですか。そんなこと私は言っていませんが」といった返信をＺに返すことなく「今後気を付ける」としか返していない点は、補充調査で掘り下げる必要が出てくるものと思われる。

　また電話の再現実験で実際の通話時間の10分強の半分にも満たない再現時間であれば、その差はなぜ生じるのだろうかといったことについてもＸに補充調査する必要が出てくるだろう。「部下のＢ君も早晩辞める」という個別具体的な発言の存否について深掘りした調査を行えばＹの話が「全くの作り話」かどうかが明らかになる可能性があり、「全くの作り話」でなければＹがでっち上げた話をＺにした可能性は低くなる。

　補充調査の結果如何によるが、Ｘの「業務指示の話しかしていない」という説明は少々無理があるようにみえてくるのではなかろうか。

　そうなると、次に、ＹがＸに言われたとする「私はＹさんの問題点をＡさん

と面談して全て把握している。Ｙさんは生き方からして全面的に変わらなければならないということに気付きなさい。あなたが変わらなければ新入社員の部下のＢ君（男性）も早晩辞めてしまうよ」「Ｙさんの問題点を私は全て分かっているからＹさんと話す必要はありません。そんなことを言ってるから、いつまでたってもダメ係長なんだ。自分のダメさ加減をあなた自身が自覚していないことが問題だ。変わるべきはあなただ」という発言があったのか、そうではなくＸの主張する「業務指示のみの話」だったのかについて検討することになる。

　本事例は、内部通報調査担当者の調査能力如何で「Ｘの説明はかなり怪しいな」レベルで終わってしまう企業と、Ｙの主張するＸの発言を認定できる企業に分かれることになると思われる。

　Ｘの問題発言があったとされる７月13日当日のＺからＸへの抗議メールの中に「新入社員の部下のＢ君も早晩辞めてしまうよ」というＸの発言についての注意がなされているのにＸは当日特段の異議を述べていない。にもかかわらず調査時にその他の発言も含め全て否認している点と、Ｘが「業務指示しかしていない」と説明しているのに通話時間が10分だった点の２点をどう使いこなすかが調査担当者の腕の見せどころとなる。

　Ｘは「業務指示の電話だったから当然Ｂ君のことなど話していません。ただ、Ｚが抗議調のメールを送ってきたので、面倒だなと思い特に反論しなかった」等と述べるかもしれない。そうなるとＹはＸからの業務指示のみという電話を受けただけなのに勤務時間中にＺに「Ｘの持論の押し付けにはもう限界だ」とＸの数々の問題発言を捏造して電話したことになる（ＸからＹへの架電直後にＺからＸへの抗議メールが送信されているので、ＹがＺに電話したことの確度は高い）。行為時には、ＹはＸに対して好感は持っていなかったかもしれないが、ＺはＸに対して悪い感情は持っていない。しかもＺはＸに抗議のメールを送っているのだから、Ｙが捏造話をＺに伝えたのであれば、ＺがＸに抗議のメールを送った時点で捏造事実が発覚するリスクをＹは背負っていることになる。ＸとＹのいずれの説明が合理的かということを分析すればよい。「Ｂ君のことは話していない」とＸがＢのことまで否認したことは悪手を打った可能性が極めて高くなる。かつ業務指示のみなら、どれだけ長くても５分で終わるという再現実験結果が出たならば、電話が10分かかった点についてはＸに説明責任が発生する。

実際の調査においては、ＸやＹの供述態度や供述内容の一貫性も重要な判断資料になるし（４章５項１③参照）、調査協力者（Ｙの夫ＺやＸが所管する部の部員、とりわけ突如退職した次長）の供述から得られることも多いだろう。例えば、部員が「部長は自費での本の購入に代表されるように、自分の価値観を絶対視しており多少押し付けが過ぎるように感じる」といった複数の発言があがってくることなどもあるだろう（なお、部門全体のダミー調査をやると「部長は全く問題ありません。立派な部長です」と述べる者が、必ず１〜２名は現れる。部長批判が巡り巡って自分に返ってくることを危惧する者、「何なんですか。あの調査。部長はいつもきちんとやってますよね」と部長に囁いて恩を売る者はどこにでもいるので、そういったことは織り込んでおいた方がよいと思う。もちろん、本当に部長を尊敬している部下の発言の可能性も否定してはいけない）。

　Ａについても「Ｙと仕事帰りに食事に行った際に、Ｙの夫Ｚが家庭内では、手をあげたり、ときに正座で説教されることもあるらしい」とかなり過激な発言をしている旨、Ｘからの伝聞ではあるが出ている以上、確認しておく必要がある。設例では先に設定した通りＡの調査は実現できなかったが、実現した場合には、第三者の供述を全面的に信用することのリスクについては既に触れた通りである（５章２項３⑥参照）。調査担当者に対して「私はそんなこと言っていません」と言うかもしれないし「私が言ったことはこういうことで、話が少し捻じ曲げられています」と言うかもしれない。あるいは「言った通りです」とＡが先の通りの供述をしたことを認めるかもしれない。本事例の設定は、ＡはＹに対する反感があるという設定であるからＡに対してＡの発言を「Ｙに確認しますよ」と伝えたときのＡの狼狽等から読み取れることもあるだろう。特に今回の仮想事例では謎めいた設定にしたが（退社した次長の聴取ができたかどうかあいまいにしてある）ＸとＡの飲酒付きの食事会に同席していた次長の存在は興味深い。次長まで昇進して突如退社してしまった理由を聞けば驚くべき話も出てくるかもしれない。またＡの発言についても飲食の際の同席者として確認することができる。調査担当者としては調査協力者として必ず検討すべき対象である。

　これらの調査を行った結果、Ｙの通報事実の有無が判断されることになる。

　仮に、Ｙの通報事実が認定されたとき、本件をハラスメント事案と評し得るだろうか。この点については、パワーハラスメントの章で述べる（８章参照）。

もっともパワーハラスメント認定ができるかできないかとは別の論点として、通報事実が認定された場合、問題発言を否認し続けたこと自体が、調査妨害といった問題として採り上げられる可能性があるし、調査妨害については軽視すべきではない。会社の内部通報の調査で虚偽答弁をしたら、そのこと自体が問題として採り上げられることが浸透していけば、調査時に虚偽答弁することを抑止する効果につなげることができるからである。

第6章

内部通報制度の実践手法③
処分

① ファーストコンタクト
② アウトラインの聴き取り
③ 主幹部門との連携
④ 通報者からの日を改めて深掘聴取
⑤ 関係者にて再度集まって協議
⑥ 通報対象者からの聴き取り
⑦ 評価・事実認定
⑧ 処分・改善作業
⑨ モニタリング

① 処分における留意点

この章では、内部通報の調査と事実認定を終えた後の処分についての留意点を説明しておく。

1 「人」ではなく「事象」に着目すること

処分は「行為者主義」ではなく「行為主義」で行うべきである。

つまり、誰がやったコンプライアンス違反かという観点ではなく、このコンプライアンス違反については、誰がやったとしても同等のペナルティが加えられるということをスタンダードとするべきである。したがって、コンプライアンス違反をした者の会社への貢献度を考慮すべきではない。

ただし、一般職より管理職、管理職より役員は「範となるべき立場にある者」としてペナルティが過重されることはありうる。「範となるべき者」の処分が過重されることで「範となるべき者」の自身の立場についての自覚がより高まることが期待できる。

2 「change」が求められる場面もある

懲戒処分の際に過去の処分事例との均衡を考えなければいけないということはスタンダードであるが、企業を取り巻く環境変化の速度は著しく速くなっている。

例えば、平成の時代に厳罰が課されなかったハラスメント行為が令和には厳罰が課されることは十分にあり得るところである。過去の処分事例は重要であるが、今後は当社においてはこのような行為は許さないといった未来を見据えた判断はあり得るところではなかろうか。

調査結果における留意点

1 調査結果の通知

　調査結果については、通報者と通報対象者へ通知することになる。

　通知方法は、文書交付は文書が独り歩きするリスクがあるから、口頭通知とする。通報事実が認められない場合は通報者、通報事実が認められた場合は通報対象者とはしては言いたいことがあるだろうから、言い分についてはきちんと耳を傾け、疑問点について丁寧に説明すべきである。

　この点、判決の宣告のように言い渡した裁判官がさっと去ってしまうような対応は誤りである。繰り返しになるが、「文句があれば控訴審に言ってくれ」と言える仕組みは内部通報制度にはないのである。しっかりと疑問点について説明することによって、しっかりした内部通報制度であることをアピールする場くらいに捉えるべきである。

　実は、疑問点についてきちんと答えなければならない場が最後に残されているということは、調査担当者に良い意味での緊張感を与えることになる。調査や評価・認定を行う際に、「通報者や通報対象者からここを突っ込まれたらどうしようとか、大丈夫だろうか」という意識を持つようになる。それによって隙の無い調査や評価・認定を促進することができる。

2 監督官庁への届出・警察への届出・社内外への公表の検討

　この点は、業種によって監督官庁も様々であるから、監督官庁の定めたルールをきちんと把握して漏れがないようにする。

①警察への届出

　例えば、業務上横領事犯のようなケースでは、警察への届出をどうするかという問題が生じる。顧客に被害が発生している場合には、顧客への被害弁償を最優先と考える企業が多いし、それは一定の合理性を有するものと考える。顧客への被害弁償を行うと、警察が刑事事件として捜査を開始する可能性は著し

く低くなる。顧客が被害弁償など後回しでいいから、まずは当該社員にきちんと刑事責任をとらせたいと希望しているときは、警察への告発や被害者たる顧客の告訴を検討することになる。相当数の業務上横領が推定できるが、通報対象者が1件しか認めないときなど、警察の捜査に委ねて全容を解明した方が社会のためになるのではないかといった悩ましいケースもある。このようなケースは個別具体的な事案の内容をよく精査したうえでの各社判断となるが、事情を顧客に説明して刑事事件として進めることを優先する場合もある。

②社内公表・社外公表

　原則は、社内に公表することになる。ただし、ハラスメント事案等、公表が被害者をさらに傷つけることになるような事案、あるいは社内の重要な備品を壊してしまったが重過失とは言えないような事案については公表を控えることを検討することになる。

　社外への公表は、通報事実が人の生命身体に影響するかどうかといった社会へ与えるインパクトと、会社の使命（例えば人の健康を守ることを使命とする医薬品メーカー、安全安心な食品を提供する食品メーカーでは、命や健康を脅かす可能性が少しでもあれば公表に方向に傾くだろう。金融機関は信用によって成り立つ企業だから、信用に疑念を抱かせる事案については公表する方向に傾くものと思われる）等を総合的に判断して公表の要否を検討することになる。私は「この会社は、社内からどのような期待を寄せられているかという視点が重要」とアドバイスしている。

通報者への対応

1 通報者モニタリング（通知直後・通知 3 ヵ月経過後）

　内部通報によって一定の結論が出た後に通報者にアンケートをとり、通報者から見た、制度の利便性や信頼性を確認する。

　この仕組みは、画期的な仕組みである。私が考案した仕組みではない。私が内部通報制度の総合監修を担当している企業の考案した仕組みである。

　企業が何らかのサービス提供をビジネスとして取り扱う場合、必ず顧客が当該サービスを利用した際の感想等を確認するはずである。内部通報制度において通報者はある意味制度利用者という意味では顧客の色彩があると言ってよいだろう。そうであれば、なぜ顧客の声を聞かないのだろう。ファーストコンタクトの際の受付窓口担当者の対応はどうだったか、調査の内容や態様はどうだったか（責める・断定する等はなかったか）、スケジュールはどうだったか、結論はどうだったか等々聞くべきことは山ほどあるはずである。そして、そこで得られた声が今後の内部通報制度の改善にどれだけ役に立つかは明らかである。

　内部通報制度は他社との比較で自社のレベル感の測定が難しいということは述べてきたことであるが、レベル感など預り知らない通報者から「このような質問は問題ではないか」「時間がかかりすぎではないか」といった率直な指摘が入るかもしれない。指摘によっては、就活ハラスメントと同等の内部通報ハラスメントを顕在化させるかもしれない。

　この企業は、内部通報に一定の結論が出た後のアンケートの他に、3 ヵ月経過した時に再度アンケートを行うことにしている。このアンケートの目的は、嫌がらせなどの不利益取扱いが発生していないかをチェックするためのものである。「不利益取扱いはありません」と宣言している企業は山のようにある。しかし、個別具体的な事案に関連して不利益取扱いがないかきちんとフォローする企業は少ないのではなかろうか。先進的な取組みである。

2 通報対象者を社内で再起させるための再生プログラム

　通報対象者に問題となる行為があれば、企業は社内基準に則って処分をくだすことになる。ただ、多くの企業は処分をくだして終わりである。解雇処分の場合は格別、それ以外の処分の場合、通報対象者は社内に残る。その通報対象者を単に処分するだけで問題は解決するのだろうか。通報対象者が再び会社の中で有為な存在として活躍してくれることこそが望むべきものである。

　そうであれば通報対象者を社内で再起させるたえのプログラムを考えて実行すべきではなかろうか。

　再起のためのプログラムは、次の通りである。

① 　通報対象者による振り返りのペーパー作成
② 　企業側の振り返るべき点の洗い出し
③ 　通報対象者の振り返りのペーパーの精査
④ 　③を踏まえた私のレクチャーと討議
⑤ 　通報対象者によるレクチャーと討議を終えてからのペーパー作成
⑥ 　状況によっては外部専門機関との連携
⑦ 　半年後のモニタリング面接

　まず、最終的な処分を伝えてから１週間ほど経過してから、通報対象者に「振り返り」のペーパーを書いてもらう。このペーパーは「何が問題だったかの」ということについて振り返ってもらうことと、今後、会社で活躍していくために自身がどのような点に留意しなければならないかということについての今後の課題について記してもらうことになる。

　同時に企業側も、コンプライアンス研修を実施して、コンプライアンスマニュアルを完備しているのに、なぜこのような問題事象が発生したのかについて、内部通報制度によって問題点があぶり出されたことを契機に考える必要がある。役員が「こんなバカなことやって、まったく」とボヤくのは私は少し違うと思う。「こんなバカなことができてしまう、その程度の内部統制だったということではないですか。あなたの責任もありますよね」と考えるからだ。

　次に、通報者対象者の振り返りペーパーを精査して、問題点を把握したうえ

で、私がマンツーマンでレクチャーを行い、討議を行ったうえで今後の課題について
ペーパーをまとめてもらうことになる。状況によっては外部専門機関との
連携が必要になることもある。例えば、本書中にも登場するサイコパスのよ
うな人物であれば専門医の受診を検討する必要があるし、サイコパスではなく
とも怒りをコントロールできない性癖の者には適切なカウンセリングもあるの
でそれを検討する必要があると考えている。この他にもギャンブル依存症と
いった状況に陥った者には叱責やペナルティはほとんど効果がなく、必要なも
のは治療である。治療は強制できるものではないから、あくまで助言といった
レベルに留めるべきものと思われるが、いずれにしても懲戒処分を出して、そ
れで一件落着といった考え方は旧い考え方になっていくものと思われる。

　半年後のモニタリングは、調査対象者が再起して活躍していることの確認の
場であると同時に、調査対象者自身、予め半年後のモニタリングを伝えてある
ので、それを一つの目標に奮発する材料にもなるし、万一、気の緩みが生じて
いるといった残念な事態になっていれば、改めてネジを巻く機会ともなる。

第**6**章

内部通報制度の実践手法③処分

<内部通報出口問題点検整備録>

点検項目その1　第一報受理時（ファーストコンタクト）の整備項目
☐「通報者ファースト」（通報者は緊張したり肩に力が入り気味）の意識付けはできているか
☐玉石混交の通報を軽々に石の通報と仕分けしていないか
☐匿名通報を希望したときの対応は確立されているか
☐不正目的通報と即断していないか
☐傾聴の姿勢で臨んでいるか（チェックリストの確認）
☐ファーストコンタクトでアウトライン（事案の概要）を確認できているか

点検項目その2　主幹部門との連携時の整備項目
☐情報共有者の限定は行ったか
☐情報共有者の拡張を行う際に通報者の承諾をとったか
☐調査担当者に利益相反はないか

点検項目その3　日を改めての対面による通報者ヒアリング時の整備項目
☐通報者ファーストの意識付けの再徹底はなされているか
☐チェックリストをヒアリング前に確認したか
☐通報者が転職準備中の際の対応は確立されているか
☐通報者が通報を取下げたいと申し出たときの対応は確立されているか
☐通報者が通報対象者の処分を希望しないときの対応は確立されているか
☐通報者の申告する通報事実についてアウトラインのレベルから詳細まで（フレーム）聴き取りを終えたか

点検項目4　通報対象者調査に先立つ事前協議の際の整備項目
☐会社も主体的に事前協議にコミットしたか（弁護士まかせにしていないか）
☐調査の対象となる「人」（調査協力者含む）について精査したか
☐調査の対象となる「物」について精査したか
☐調査の順序について精査したか
☐調査の進行スケジュールが合理的な期間であるかについて精査したか

点検項目5　調査全般にわたる整備項目
☐「事実を収集する場面」と「事実を評価・認定する場面」の峻別はできているか
☐ハラスメントとならないように留意しているか
☐チェックリストをヒアリング前に再確認したか
☐補充調査の要否を検討したか
☐希望する調査の対象者（対象物）を調査したか
☐聴取の時間は適切か
☐聴取の場所は適切か
☐聴取の人数は適切か

□女性を聴取する際の会社側の女性同席はアリバイ作りとなっていないか
□所定の聴取開始時の説明は適切に行われたか
□近親者の同席を求められた場合の対応は確立しているか
□弁護士の同席を求められた場合の対応は確立しているか
□録音・録画を求められた場合の対応は確立しているか

点検項目6　通報対象者特有の整備項目
□通報者聴取の結果・調査協力者聴取の結果・証拠となる物の精査は徹底的に行ったか（斜め読みとなっているのであれば✓不可）
□「平気で嘘を吐ける人」がいることについて認識があるか

点検項目7
□聴取録音の反訳は信頼できる業者にて完了しているか
□変更箇所の申告や署名を徴求したか

点検項目8　評価・認定に関する整備項目
□通報者の述べるストーリーを映像化して特定したか
□通報対象者の述べるストーリーを映像化して特定したか
□通報者と通報対象者のストーリーの整合しない点を特定したか
□不整合な点を紡ぐ客観的証拠の有無を検討したか
□客観的証拠が証する守備範囲について精査したか
□客観的証拠がない場合に安易に真偽不明としていないか
□「経験則」を安易に用いていないか

点検項目9　処分に関する整備項目
□「行為者」ではなく「行為」に対する適正な処分となっているか
□急速に変化する企業を取り巻く環境変化にマッチした処分となっているか
□調査結果の通知は完了したか
□監督官庁への届出や公表（社内・社外）について検討したか

点検項目10　処分後のケアに関する整備項目
□案件終了直後の通報者モニタリングに異常はなかったか
□案件終了後相当期間経過後のモニタリングに異常はなかったか
□通報対象者の再起に向けたプログラムの策定・実施は完了したか

※巻末掲載資料2の内部通報制度認証（WCMS認証）「自己適合宣言登録制度」
審査項目（著者が認証取得をサポートした企業へのコメント付き）を内部通報
制度全体のチェックリストとして活用するとともに、本チェックリストを出口
問題（聴取・調査・評価）のリストとして活用されたい。

第 **7** 章

内部通報制度に係る認証制度

1 内部通報制度と認証取得

1 認証制度とは

　昨年2月に申請受付を開始した内部通報制度に係る認証制度については、読者も概要は承知のことと思うし、私自身も昨年「銀行法務21」の6月号と7月号に関連する記事を掲載いただいた。

　それらを全て再掲するつもりはないが、一点とても重要なポイントだけ改めて触れておきたい。

　それは、認証取得に向けて規程整備等を開始するに当たってのアプローチの手法とアンケートである。

2 認証を取得する目的

　認証制度の審査項目で必須項目とされている事項を全て整備し、必須項目外13項目のうち6項目以上について対応すれば基本的に自己適合宣言登録制度に基づく認証を取得することはできるだろう。しかも自己適合宣言登録制度はPDCAサイクルのうちP（plan）D（do）のみが審査対象であるから、その中核となるのは規程の整備とその実行となり、既に内部通報制度を有している企業にとってそれほどハードルの高い作業とはならないものと予測される。規程の整備もガイドラインと審査項目を参考に現行の規程を改訂し、申請書類の記載事項を洩れなく埋められるようにすれば済む話である。

　しかし、経営上のリスクに係る情報を早期に受信して自浄作用を発揮することで企業価値の維持を図る内部通報制度は、既に触れた通り「利益追求より企業倫理を優先すること」「（内部通報制度が機能するかしないかは）企業の発展・存亡をも左右し得ること」といった企業の最優先すべき価値をバックボーンとする企業の存亡にすら影響を与える極めて重要な制度である。

　そのような重要な制度の整備については、より自主的な取組みが求められてしかるべきである。企業の中には認証取得を自社ブランド構築の要となる重要なプロジェクトと位置付けている企業すら実際に存在する。

　このような企業においては、認証取得に必要な合格点をとれる内部通報制度の整備でこと足りるといった発想はない。経営上のリスクをきちんと拾い上げ自浄作用を機能させる実効性ある内部通報制度とするために自社に何が必要かといった観点で内部通報制度の整備を進め、その結果として認証取得も実現するというアプローチをとることになる。認証取得が目的ではなく、あくまで機能する内部通報制度の整備に主眼を置いたアプローチである。

　このようなアプローチを採用する企業においては、自社にとって本当に必要なより良い内部通報制度とはどのような制度かという議論を徹底的に行ったうえで、まずは自社モデルのイメージをきちんと構築することが先決となる。審査項目は内部通報制度を構成するパーツである。完成モデルのイメージもないまま「パーツを組み上げたらこんな形の内部通報制度ができました」ではなく、「真に経営上のリスクをコントロールできる内部通報性のモデルはこれだ」というものをイメージしたうえで、そのモデルを分解してパーツにバラしてみたら、結果として審査項目（各パーツ）を全てクリアしていたといったアプローチをとればオーダーメイドの内部通報制度を獲得することが可能になる。

　認証マークをホームページに掲載することを目的とするのではなく、機能する内部通報制度を整備した結果として認証マークが付与されたという流れを目指すべきである。内部通報制度認証取得のための2つのアプローチをまとめると、以下の通りである。

　認証を取得するには、相応の人と時間とお金をかけることになるのだから、私はどうせ人と時間とお金をかけるなら、認証取得だけを目標とするのはもったいないと考えている。

　認証取得を機会に当社の内部通報制度の10年ぶりの徹底的な点検整備をやるんだという意気込みで取り組んで、点検整備をきちんと行った結果、気付いたら認証マークをもらっていたくらいの感覚で良いと思う。あくまで目標はより良い内部通報制度の構築である。

　したがって、認証取得をしたことを社内で発表したときに「それでいったい何が変わったの」と社員に思われるようではダメで、社内の空気の良い意味での変化を社員に感じさせるものでなければならないと思う。

　それでは、良い意味での変化を感じさせる認証取得とするためにはどのようにすればよいのだろうか。その一つの有効な手法がアンケートである。

第7章　内部通報制度に係る認証制度

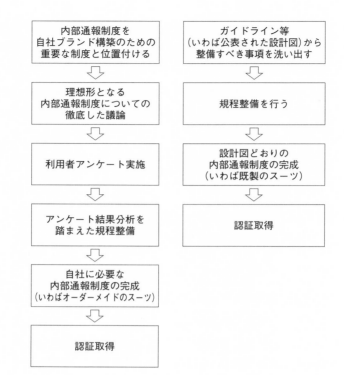

3　アンケートの実施とその前提となる徹底した議論

　従業員アンケートについては、ガイドラインⅢ−1「外部窓口の評価・改善」の箇所に触れられているが、制度設置以来概ね10年経過した内部通報制度全体について利用者のアンケートを実施すべきである。

　アンケート調査については、2章3項で詳しく説明したが、アンケートを実施するに先立って自社に必要な内部通報制度モデルについての議論のベースとすべき事項についてはガイドラインが参考になる。ガイドラインⅠ−2「経営トップの責務」で示される6項目は極めて重要である（下線部筆者）。

・コンプライアンス経営推進における内部通報制度の意義・重要性
・内部通報制度を活用した適切な通報は、リスクの早期発見や企業価値の向上に資する正当な職務行為であること

・内部規程や公益通報者保護法の要件を満たす適切な通報を行った者に対する<u>不利益な取扱いは決して許されない</u>こと
・通報に関する<u>秘密保持を徹底する</u>べきこと
・利益追求と企業倫理が衝突した場合には<u>企業倫理を優先する</u>べきこと
・上記の事項は<u>企業の発展・存亡をも左右し得る</u>こと

　この6項目は、あまりにも当然のことを指摘するものであるが、当然であるがゆえにしっかり考えることなく「分かったつもり」になってしまいがちである。

　<u>内部通報制度の意義・重要性</u>について、自らの言葉で即答できる経営幹部が揃っている企業ばかりではない。しかし<u>企業の存亡を左右し得る</u>制度の意義・重要性について経営幹部が即答できないということはそれ自体危機的な状況と言わざるを得ない。

　1章1項の冒頭で述べた通り、内部通報制度がなくても企業不祥事は糺される。監督官庁の行政指導やマスメディアのバッシングで是正せざるを得ない状況に追い込まれたら否が応でも糺すほかなくなるからである。しかし、そのような是正の仕方は自浄機能がないことを自白するに等しく、当該企業の信頼は地に落ちることになる。自ら不正を早期に発見し、自ら糺すことができてはじめて「この企業は過ちを犯してしまったけど自浄作用はあるんだな」という評価を得ることができる。

　早期発見と自ら糺すことを実現するためには、内部通報制度に対する利用者の信頼が不可欠である。利用者の信頼を獲得するためには、「秘密保持」と「不利益取扱い禁止」が徹底されていることと、きちんと問題を糺すことができる実効性のある調査が不可欠となる。

　このほかにも「（通報は）<u>正当な職務行為</u>」と敢えて明記しなければならない理由について深掘りした議論がされることはない。当然のことが当然に行われていない実態があるからこそ「（通報は）正当な職務行為」とわざわざ指摘しなければならない自社の実態を洗い出すことが重要になる。

　<u>「不利益取扱い禁止」</u>についてもしかりである。ガイドライン上「不利益取扱いの具体例」は書いてある。そこには「事実上の嫌がらせ」とあるが、それを自社の規程にスライドしただけでは十分ではない。「事実上の嫌がらせ」で

は何が赦されざる不利益取扱い行為なのか利用者はイメージできない。利用者がイメージできなければ制度利用に対する安心感など生まれるはずもない。

　「<u>利益追求と企業倫理が衝突した場合には企業倫理を優先すること</u>」をオフィシャルな場で否定する経営幹部などいるはずがない。しかし、実際には利益追求を優先して痛い目に遭った企業などいくらでもある。なぜ、企業倫理を優先するという当然のことをできなかったのか、自社でそのようなことにならないようにするにはどうすればよいのかについて知恵を出し合わなければいけない。

　こういった議論を徹底すれば、自ずとアンケートで確認すべき項目は出てくることになる。アンケート項目を弁護士に教えてもらうのではなくまずは自社のことは自社で徹底的に考えることが重要である。

2 内部通報制度を見直す機会としての認証制度

　以上の通り、私の内部通報制度に係る認証取得のプロセスは、ガイドラインやチェックリストの項目との整合性を獲得するためのプロセスではなく、内部通報制度の根幹ともいえる6項目について主幹部門が意識を高め、さらに社内の実情をきちんと把握したうえでのオーダーメイドの仕組みをつくるためのプロセスである。

　私がサポートした某企業は、私が全く考えてもいなかった内部通報制度利用者アンケート（サービス提供をビジネスとしている企業における「利用者満足度アンケート」のようなものである）を実施するほか、通報対象者の不正が発覚したときに単に通報対象者を処分するだけでは制度の目的を達したことにならないとして不正行為を行った者が社内で再度きちんとその力量を発揮してもらうようにすべく「再生プログラム」まで考えるに至っている（6章3項2参照）。このようなアイディアは、ガイドラインとのマッチングしか考えていない企業では絶対に生まれないアイディアではなかろうか。もしも「自分たちの会社の内部通報制度をつくるんだから、自分たちの欲しい内部通報制度をオーダーメイドでつくろうよ。その方が使い心地（着心地）がいいと思いませんか」という私のコンセプトが先のようなアイディアに結び付いたのであれば、これは私が考えていた以上の成果といえる。

　是非とも読者の皆様の企業において認証取得を考えるのであれば、認証取得を点検整備の良い機会と捉え、自社に似合うオーダーメイドの内部通報制度を構築に挑戦いただきたい。そのためには社内の声をアンケートを実施するなどして集め、議論することが最も重要である。

第8章

パワーハラスメント
について

1 パワーハラスメント指針がリリースされた背景事情

1 パワーハラスメントとは

　令和2年1月15日にリリースされた厚生労働省の指針によると、職場におけるパワーハラスメントとは、職場において行われる①優越的な関係を背景とした言動であって、②業務上必要かつ相当な範囲を超えたものにより、③労働者の就業環境が害されるものであり、①〜③までの要素を全て満たすものをいう。

　なお、客観的にみて、業務上必要かつ相当な範囲で行われる適正な業務指示や指導については、職場におけるパワーハラスメントには該当しない、とされている。

2 内部通報制度とパワーハラスメント

　パワーハラスメントは、企業に4つのダメージを与える。

　まずパワーハラスメントを受けた人に対するダメージである。最悪の場合、心身を直撃するダメージを与えることもある。

　次に、パワーハラスメントを受けた人が所属する部門や周囲の人に対するダメージも見逃せない。活力をそがれた暗い職場が生まれることになる。

　パワーハラスメントを行った人も、内部通報制度が機能している会社では必ずどこかでストップがかけられ、その人の信用は低下することになる。

　企業にとっても、職場環境の悪化で生産性が下がったり転職を考える者が現れるとなると業績面でのマイナスとなるし、場合によっては裁判で使用者責任を問われる被告となることもある。

　パワーハラスメントに良いことなど一つもないことは明らかである。

　にもかかわらず「おまえ、社会人としてなってないから遅刻するんだよ」といった指導と称するパワーハラスメントが横行しているのが現実である。

　「『社会人としてなっていない』というのは、ただの思い込みであって事実ではないので、そういったことを言ってはいけないのです」と2018年1月26日第7回「職場のパワーハラスメント防止対策についての検討会」議事録で委員が

指摘しており、あわせて「叱らなければいけないのは事実、結果、行動であって、人格、性格、能力みたいなものを言った瞬間にアウトです」と指摘している。

　この指摘は、管理職なら絶対にパワーハラスメント研修で聞いたことがあるはずの指摘である。しかしながら、このレベルのパワーハラスメントが一向に減らない。パワーハラスメント研修という予防策の限界がみてとれる。引き続きの研修も大切だが、予防策が功を奏せずパワーハラスメントが発現したら、きちんと内部通報制度の中で解決していくことが重要になってくる。研修が予防の施策なら、内部通報制度は臨床の施策である。臨床がきちんと機能すれば「当社でパワーハラスメントを行うとどうなるか」ということが周知され、内部通報制度は臨床機能のみならず予防機能をも発揮することができるようになる。

　私が、内部通報制度についてサポートしている企業にて寄せられる最多の事項はハラスメントに関する事項である。

　私の体感ではセクシュアル・ハラスメントは10年前に較べると相当減少したように感じるところであるが、報道では未だにしばしば報道される問題である。

　つい最近も、ある政党のフェスティバルのジェンダーを考える出展ブースに参加した女性に対し、市議会議員が「銀座のクラブのママみたいだね」と発言したことを党がハラスメントと認定したという報道があった。

　また衣料品や化粧品や飲食店を展開し、CMにも著名な女性タレントを起用してブランドの知名度を向上させている企業の社長が女性スタッフらをホテルに呼び出してわいせつ行為に及んだり、LINEで「内緒だよ」と宿泊研修中の部屋に来るようメッセージを送ったり、地方在住の店舗スタッフに東京に来てデートに誘うなどといった疑惑も報道された。

　会社のコメントによると、臨時査問会で社長のセクシュアル・ハラスメントの事実は認められなかったそうだが、誤解を受ける行為や従業員との距離の取り方等について社長は厳重注意を受けたそうである。その後、社長は辞任したが、皆様はこれらの事案をどう受け止めるだろうか。

　「銀座のクラブのママみたいだね」くらいの発言は、10年前だったらセーフだったのになという人もいるかもしれないが、おそらく本書を手にとる読者は「昔はどうあれ今はダメです」という答えになると思う。ただ現実には先の2

第8章　パワーハラスメントについて

件は令和2年に発覚した事件である。残念ながら社会の総体としては、このような勘違いをしている人は相当数いるのである。

　私が10年前に較べると相当減少したと感じるセクシュアル・ハラスメントですら先のような残念な状況であるのだから、パワーハラスメントは私の業務上の体感でも全く減っている感覚はないので、まだまだ意識改革ができていない人はたくさんいるのではないかと思われる。

　そのような状況を踏まえてのことなのだろう、令和元年5月29日に女性の職業生活における活躍の推進に関する法律等の一部を改正する法律案が可決され、①国の労働施策としてハラスメント対策が明記され、②パワーハラスメントの防止対策が法制化され、③セクシュアル・ハラスメント等の防止対策が強化された。令和2年1月15日には「事業主が職場における優越的な関係を背景とした言動に起因する問題に関して雇用管理上講ずべき措置等についての指針」「事業主が職場における性的な言動に起因する問題に関して雇用管理上講ずべき措置についての指針等の一部を改正する告示」が告示された。

　本書はこれら指針の詳細について触れるものではないが、私が取り扱っている内部通報事案の認定においても既に指針を採用して当てはめを行っている企業もあるので、内部通報制度におけるパワーハラスメント事案の取扱いの留意点について、以下、触れることとする。

2 パワーハラスメント事案と指針

1 内部通報調査担当者としてのパワーハラスメント事案の考察

　パワーハラスメントについては、内部通報制度の著作の中で一つの項目を立てて解説するものもある（「企業の価値を向上させる実効的な内部通報制度」山口利昭、212頁以下）。パワーハラスメントが企業に及ぼすリスク分析については同書を参考にされたいが、内部通報実務を取り扱う弁護士からみたときパワーハラスメントのリスクは見過ごせないものであることの現れである。

　パワーハラスメント認定は調査担当者の力量が問われる。

　事例研究（5章6項参照）で、取り扱った事例は、調査担当者が弁護士のアドバイスを受けなかったら、パワーハラスメント被害者となる可能性のあるYの「問題のある言動に起因してストレス性急性胃炎に罹患した」という通報を、Yの配偶者ZのDVに起因する胃炎と結論付けて終わりとした事例となってしまったかもしれない怖い事例である。

　担当者の力量がどのようなものであっても「上司から、朝礼で『おまえ何回言ったら分かるんだ。おまえのような使えないアホな部下は要らない。今すぐ家に帰れ』と言われた。指示に従わなかったら皆の前上司が持っていた分厚いファイルを投げつけられ肩に当たった。同種のことは枚挙にいとまがない」といった事案の認定を誤ることはないだろう。

　事例研究のような被害者の夫が被害者を守るために嘘を混入させたという捻りが少し入ると、事案を正確にトレースできなくなる調査担当者などいくらでもいるだろう。本書で私が提案している事案の映像化・リアリティをもって事案をイメージするといったことを心掛けていれば（4章2項3①b）、そのようなミスを犯す可能性は低くなるが、文字面（二次元）で事案をみる担当者などいくらでもいる。

　本当は、調査担当部門の複数の者が資料をきちんと読み込んでおけば、仮に調査担当者が見立てを誤っても他の者がミスを指摘できるのである。

　例えば事例研究の事案の資料を読む立場にある者が上司（部長）・担当者・担当者の補助者の3名だとしよう。主任としてきちんと資料に向き合うべき担

第**8**章

パワーハラスメントについて

当者が「部長、この通報ヤバイですよ。ハラスメントとされる発言があった以前から胃炎になっているということが被害者の夫のメールに記されているんです。時系列の前後関係が破綻した通報です。このメールをご覧ください」と説明したとき、事案の全体像が頭に入っていない部長は「ハラスメント発言に因って胃炎になった」という原因行為（ハラスメント発言）と結果（胃炎）が因果関係で結び付かないという局所的な事実だけみて「うーん。これは問題ある通報だ」と誤解してしまうのである。

　もしも部長が資料をしっかり読み込んでいれば、先の担当者の報告は全体像が見えていない報告の可能性について気が付くのに、ある意味「担当者まかせ」にしたことのツケが回ってくるのである。

　以上の通りパワーハラスメント事案の認定は、衆目の前で行われるパワーハラスメントはともかく、ハラスメント事象について認知する者が少ない事案については担当者の力量で認定がどうなるか分からない側面がある。

　この問題をクリアするには担当者の力量を向上させることと、事案の関係者が人任せにせず自分で責任を持って資料を読込むとともに、疑問点について、雑に「経験則」で解消してしまうことなく、必要な人に確認をとることが求められる。事例研究でいえば「ハラスメントとされる発言があった以前から胃炎になっているとあなたのメールに書いてありますが、そうなると、時期が整合しませんね。どういうことですか」とメール送信者に確認すれば済む話である。

2　パワーハラスメント事案を指針に当てはめる

　8章の冒頭に記した通り、指針は、パワーハラスメントを「職場において行われる①優越的な関係を背景とした言動であって、②業務上必要かつ相当な範囲を超えたものにより、③労働者の就業関係が害されること」と定義し、3要件の全てを満たしたものをパワーハラスメントとする。3要件それ自体は合理的なものと考えられるが、実際の事案への当てはめは簡単ではない。事例研究の事案（5章6項）を素材に考えてみよう。

　指針の各要件の具体例をみると、①については「職務上の地位が上位の者による言動」というものがあるので、これは問題ないだろう。③については「当該言動により労働者が身体的又は精神的に苦痛を与えられ、労働者の就業関係

が不快なものとなったため、能力の発揮に重大な悪影響が生じる等当該労働者
が就業する上で看過できない程度の支障が生じることを指す」とあり、ストレ
ス性急性胃炎になっているので、この要件の該当性も問題ないだろう。

　問題は②要件である。指針の具体例は以下の通りである。

・業務上明らかに必要性のない言動
・業務の目的を大きく逸脱した言動
・業務を遂行するための手段として不適当な言動
・当該行為の回数、行為者の数等、その態様や手段が社会通念に照らして許容
　される範囲を超える言動

「この判断に当たっては、<u>様々な要素</u>を総合的に考慮することが適当である」
とされている。

　様々な要素については「当該言動の目的、当該言動を受けた労働者の問題行
動の有無や内容・程度を含むと当該言動が行われた経緯や状況、業種・業態、
業務の内容・性質、当該言動の態様・頻度・継続性、労働者の属性や心身の状
況、行為者との関係等」とされている。これだけの要素を総合的に考慮すると
いうことであるから、お気付きの通り各企業の裁量の幅は広いものになると思
われる。

　指針が3要件を示してくれたことは、判断基準の提供という意味ではとても
価値あるものと考える。もっとも、私は、指針リリース後にもパワーハラスメ
ント事案の内部通報事案を既に何件か取り扱ったが②の当てはめ如何、ことに
「頻度や継続性」の当てはめ如何ではパワーハラスメントの認定は、労働者が
「忍耐強く耐えに耐え抜いた事案」でなければ認定できないのではないかと危
惧している。

　そこで、私がサポートする企業にお願いしているのは、「通報者や通報対象
者に報告する際に、3要件の各要件にどのように当てはめたかについてきちん
と説明できる準備をしておいてください」ということである。

3 最終的に自社のことは自社で決定すべき

　先の事例研究の事案（5章6項）では、そもそも調査担当者がXの個別具体的な発言をきちんと認定できるのかという調査・認定能力の問題もさることながら、個別具体的な発言が認定できたとしても「精神的攻撃には当たるかもしれないが、10分間言われたというだけならパワハラと言えるかどうか微妙ではないか」という判断もあるかもしれない。ただ、「微妙」では何の結論も出せないので、次に自社の社会における立ち位置等をも考慮することになる。事例研究の企業が医薬品メーカーといった人々の健康を守ることを使命とする会社であれば「お客様の健康を守る会社の中で社員を胃炎にさせる発言を行ったことは看過できない」という判断もあるかもしれない。

　指針に照らすと、事例研究の仮想事例の言動だけであれば、

・業務上明らかに必要性のない言動
・業務の目的を大きく逸脱した言動
・業務を遂行するための手段として不適当な言動
・当該行為の回数、行為者の数等、その態様や手段が社会通念に照らして許容される範囲を超える言動

のいずれの要件も充足していないという判断になる可能性が高いのではなかろうか。XのYに対する指導は、Yに多くの問題点があると指摘するものの具体的な問題点の指摘はなく、指導としては稚拙極まりないものであるが「明らかに必要性のない」とか「目的を大きく逸脱した」といった要件に即当てはまるとは言えないし、「行為の回数」も1回（10分）だけである。「手段として不適当」については判断が割れると思われるが、総合的に見ればパワーハラスメントとまでは言えないが不適切な指導といった着地とする企業もあるだろう。

　先の「医薬品メーカーであれば」といった事情は、指針の「この判断に当たっては、様々な要素を総合的に考慮することが適当である」という箇所で考慮することになるだろう。

　ストレス性急性胃炎で投薬治療まで受けた点が若干引っかかるが、予見可能性という観点からすれば、そのことをもって結果の重大性から逆算してパワーハラスメントを認定するというのも少々無理があると思う。

　また、書籍購入の強要について複数の部下から「実は困っている」といった

218

供述が確認されたら、その点はあわせ評価する必要がある。費用は社員の負担
で書籍購入を強要したのであれば、業務上の必要性はあり、目的の範囲内だと
しても、手段として不適当ということになるから、頻度や購入を強要された社
員の数などから総合的に判断することになると思われる。

　なお、事例研究において、Ｘの「業務上の指示のみ」という供述が虚偽であ
るという認定になった場合は、それがパワーハラスメントにならないとしても、
調査妨害として問疑する必要があることは既述の通りである。また、他者を傷
つける「嘘を吐く」ということは（事例では、ＹはＸについてでっち上げの通報
をしたことになり「嘘吐き扱い」されていることになる）、社員以前の人としての
そもそも論にかかわる問題であるから、人事部においてきちんと押さえておく
べきことになろう。

　指針への当てはめが非常に微妙といったときは、「当社はこのような言動は
許さない」といった当該企業のポリシーとの見合いで「これはパワハラだ」と
いう判断もあってもよいと私は考えている。自社においてこのような言動が許
されるかどうかは、自社で決めることで、指針はあくまで参考として位置付け
ている企業も実際にある。総じて指針より厳しめの判断を行う企業であるが、
例えば懲戒解雇との会社の判断に対して、解雇無効で提訴されても「受けて立
つ」という覚悟があるなら、私は応援したい。そのような覚悟を決めている企
業に対して、私は「指針通りにしないと裁判になったら負けますよ」といった
アドバイスをしない。骨のある企業の骨を抜きたくないからである。指針は参
考となるラインを示してくれるという意味ではとても意義あるものだが、企業
に指針通りにやっていればパワーハラスメント対応は万全という誤解を持たせ
る側面もゼロではないと思う。

　いずれにせよ、３要件は一つの一般的な基準であり、その当てはめ作業は簡
単ではなく企業の裁量の範囲も少なくない。丁寧に誠実に「関係当事者に胸を
張って説明できるか」という観点でしっかりと取り組んでいただきたいところ
である。

　実際に、私はつい先日、私が受付窓口と通報者への報告担当という企業（こ
の企業では調査と評価・事実認定も分業となっており、それぞれ私以外の者が担当
する仕組みとなっている。様々な確度から光を当てようという意味ではユニークな
取組みといえる）に対して、報告書の３要件の当てはめについて「何をどのよ

うに当てはめたかをもう少し丁寧に記載してください」とリクエストして、返ってきた報告書を読んで「これで胸を張って通報者に報告できます」と返信したところである。

4 パワーハラスメント 6 類型について

指針では以下のパワーハラスメントの 6 類型を示すが、この類型は従前から厚生労働省が示すところである。

① 身体的な攻撃
② 精神的な攻撃
③ 人間関係からの切り離し
④ 過大な要求
⑤ 過少な要求
⑥ 個の侵害

私は従前からパワーハラスメントに関する企業研修で必ずこの 6 類型について触れていた。なぜなら身体的攻撃や精神的攻撃がパワーハラスメントであることを知らない社員はいないが、個の侵害がパワーハラスメントとなることを知らない社員がいるため、私はこれら全てパワーハラスメントとなることを理解してくださいと述べてきた。今回の指針の具体例には記載されていないが、個の侵害の具体例として厚生労働省は「引っ越したことを皆の前で言われ、おおまかな住所まで言われた（20歳代女性）」というものを例示していた。この事例を説明すると「それもアウトなのか」と驚く人が多い。

このように身体的攻撃や精神的攻撃以外にもパワーハラスメントとなりうるものの理解を深めるために 6 類型を説明してきたが、6 類型それ自体はあくまで例示であって、6 類型以外の事象はパワーハラスメントとはならないということではないから、その点は留意されたい。

また身体的攻撃や精神的攻撃の 2 類型を考えると、この 2 類型は法的にも違法と評価される事象であることが多いが、先の「引っ越したことを皆の前で言われ、おおまかな住所まで言われた（20歳代女性）」という事例を単発で違法と

評価することはないだろう。さりながら、この事例はパワーハラスメント事例なのである。パワーハラスメントを「違法なパワーハラスメント」として括ってしまうと、社内の問題となるパワーハラスメントの多くが漏れてしまうことになる。違法なパワーハラスメントは当然のこととして、違法ではないが看過できないパワーハラスメントを根絶しようという考え方が正解である。

　また、近時理解が深まった性的志向や性自認について、意識の低い人は「人間関係からの切り離し」を無自覚にやってしまうかもしれない。企業を取り巻く環境の変化に敏感たれということである。

おわりに

　通報制度において弁護士の役割は指揮者である。

　本書の執筆を始めた令和元年11月30日、私は晴海の第一生命ホールで「トリトン晴れた海のオーケストラ」のベートーヴェンチクルスの第4回を聴いた。柔らかなネーミングのオーケストラだが、メンバーは東京都響の首席を中心とした精鋭揃いである。指揮者なしでメンバーが音と目線で合わせるオーケストラは、尋常ならざる集中力でベートーヴェンの交響曲第6番「田園」と第8番を演奏した。

　中学校の卒業文集に「将来の職業は指揮者」と記した自他共に認めるクラシックを偏愛する私は、小学2年生のとき田園を初めて聴いたので田園を50年以上聴いてきたことになる。ベートーヴェンが田園のスコアを完成させたのは1808年であるから、既に200年以上の歴史の荒波を乗り越えてきたスコアということになる。このスコアを数多くのアーティストが自らの解釈を加えて「これこそがベートーヴェンが求めた田園」と考える田園を200年以上にわたり演奏してきたわけである。「自らの解釈」と言っても、クラシックの場合、スコアの音符そのものをいじるのは御法度であるから、オーケストラのバランスやテンポ、強弱といった微細なニュアンスの変化でそのアーティストの解釈を加味していくことになる。

　録音として残っているだけでも「田園」の録音は500種類を優に超えると思われる。あらゆる解釈が世に出され、もはや解釈の余地などないようにも思えるが、私は本書の執筆を始めた令和元年11月30日に、私が、トリトン晴れた海のオーケストラによって、50年間聴いてきた、録音・実演を含むありとあらゆる田園の中で最高の田園を聴いた。第5楽章では神の存在を感じた。1週間前の11月24日に小倉でケルン放送交響楽団の田園を聴いたばかりだが、この時、神は降りてこなかった。

　既に多くの芸術家がありとあらゆる試みを尽くしてきた田園に、2019年の今まさにこの世に生を受けたかのような田園を創造することが実際に可能である

ことを、私は眼前に提示され、帰宅してから順番を飛ばして本書「あとがき」を書き始めることとした。

執筆中の「内部通報制度」に関する本書は企業関係者向けの本である。私は、本日の田園を聴いて「企業の方々はいったい何をやってるんだ」という気持ちになった。音符そのものに手を加えることができないスコアに、しかも多くの先人が様々な解釈を施してきたスコアに、情熱さえあればまだまだ新たな命を吹き込むことができるというのに、メンテナンスの余地などいくらでもある内部通報制度についてなぜ傍観している（ボーっと観ている）のだろうと少し憤りすら感じた。

ここで、本日の演奏について少し違った角度から考察を加えたい。

本日のオーケストラは首席クラスの奏者の集まりと記したが、クラシック音楽は、優秀なメンバーが揃えば優れた演奏になるといった生易しいものではない。これは私のようなクラシックを偏愛する者にとっては常識であるが、優秀なオーケストラでもスケジュールを「こなすための演奏」では聴衆の心を動かすことはできない。

「こなす」演奏であったかどうかは目で確認することもできる。「こなす」演奏は、終演後、演奏者どうしが笑顔を交わすことがない。「今日の演奏はマジックが起きたね。やったね」と喜びを分け合うことがない。カーテンコールで出入りする指揮者に対しても他人のような視線で一瞥するだけである。

これに対して、本日のような「命のやりとり」と言っても過言ではない演奏においては、演奏中のプレイヤーのアイコンタクトが凄まじい。終演後は笑顔を交わすだけではなく隣の奏者と讃え合ったり、時には涙目になっている奏者もいる。本日は指揮者なしの演奏だったが、指揮者が振ったときには指揮者に対しても最大限のリスペクトの波動が送られていることも一発で分かる。

世にいう一流企業の内部通報制度がガタガタだったなどという話は最高裁からダメ出しされた企業すら存在するのだから公知の事実である。一流企業なら（一流オーケストラなら）、それなりの成果が出せると考えるのは誤りである。

内部通報制度を立ち上げたばかりの企業であっても、制度設計に携わるメンバーが誰一人手を抜くことなく、より良い内部通報制度のヴァージョンアップに心を砕いている企業は、本書で指摘した「入口」と「出口」の問題解決につ

いてきちんとした成果を出している。「技量」だけでは最高の成果を出すことはできない。メンバー一人ひとりの「凄まじい情熱」が伴って、初めて最高の成果に結びつくのである。「技量」があっても慢心して「こなし仕事」になっている関係者が運営する企業の内部通報制度は不幸というほかない。

　私は、令和になってある企業の内部通報の点検整備の依頼を受けた。ここでようやく冒頭に記した「通報制度において弁護士の役割は指揮者である」の話となる。複数の企業の内部通報制度のサポートをする私は、クラシックでいうと複数のオーケストラを指揮する指揮者のような存在である。指揮者には悲しいかな各オーケストラの実力があからさまに分かってしまう。このオーケストラは技量においてもパッションにおいても最高レベルのオーケストラであるとか、このオーケストラは技量はあるがルーティンの演奏に慣れてしまった残念なオーケストラであるとか、このオーケストラは指導しなければならないところがたくさんあるけど、メンバーの意欲が高く、高い課題を示しても食らいついてくるし、時に厳しい指摘をしても正面から受け止め演奏の質を高める将来性のあるオーケストラであるといったように、各々のオーケストラのカラーが明確に分かる。

　企業も全く同じである。

　弁護士である私には、各企業の内部通報制度の強み弱みが手にとるように分かる。強みを伸ばし、弱みを補強していくのが私の仕事である。時に厳しく叱責することもあるが、めげずに食らいついてくる企業もあれば、「はいはい」と答えつつ何も変わることができない企業もある。

　令和の時代になって、私に内部通報制度の点検整備の依頼をしてきた企業は、点検整備を行う共同作業を通じて、私の内部通報制度に対する知見と情熱を理解してくれたのだろう。内部通報制度の点検整備に留まらず、私に受付窓口の担当を依頼することとなった。クラシックの世界で言うならば、客演指揮者として呼ばれたオーケストラから、今後も定期的にうちで指揮してくれと言われたようなものである。

　私は、この企業の内部通報制度の将来にとても明るい展望を持っている。

　それは200年以上不変のものとして扱われてきたスコアに新たな生命を吹き込むことに命をかけているアーティストのように、たかだか10年そこそこの内

部通報制度に新たな命を吹き込むことなど当然のこととして、メンバーが新た
な価値を創造することに本気で取り組んでいることが一つ。そして演奏と同じ
く、仕事の基本は「情熱」であることを体得していることが一つである。仕事
の基本が情熱であることについては、私との共同作業を通じて私の情熱が伝染
したフシもないではないが、私の情熱を暑苦しく感じる企業もなくもないので、
指揮者の目指すところとオーケストラの目指すところが一致したということに
なるのだと思う。

　「目指すところ」とは「入口と出口の両面で機能し信頼される内部通報制度」
である。そして「入口と出口の両面で機能し信頼される内部通報制度」を構築
することはそんなに難しいことではない。

　まずは、自社のカラー（オーケストラのカラー）を知ることである。内部通
報制度を設置したことで仕事は終わったと勘違いしている企業、内部通報制度
にそれなりのスタッフを配置しているから機能しているはずだと思い込んでい
る企業、信頼される内部通報制度であるために点検整備の重要性を認識し実際
に点検整備に邁進している企業、この客観評価が適正にできるかが重要である。

　気合いの入っていない演奏をしているのに「エクセレント」を連発している
ような甘い指揮者ではオーケストラが成長しないのと同様、厳しい指摘をする
弁護士を疎ましく感じているようではその企業に未来はない。

　自社のカラーが分かれば、点検整備すべき箇所の探知を行うこととなる。利
用者である職員のハートに響く内部通報制度とするために、オーケストラのリ
ハーサルで言うなら改善箇所を一つでも多く見つけ出し厳しいリハーサルを重
ねて本番に備えることになる。

　最後に、通奏低音のように流れるべきは「情熱」である。同じ譜面を弾いて
も、その旋律が心に刺さるかどうかは「情熱」の違いである。私は本日の「田
園」を聴いて、内部通報制度ごときに新たな価値を吹き込めなくてどうするん
だと感じたし、それを支えるのは「情熱」である。

　「内部通報制度が最後の望みの綱なのであり、それがなくなった会社はもう
改善の見込みはない」というスルガ銀行第三者委員会報告書（同報告書298頁）
の指摘はあまりに正鵠かつ重要な指摘である。

　外形としての「内部通報制度がなくなった会社」は実際にはほとんど存在し

ないだろうが、「内部通報制度が機能しなくなった会社」は「内部通報制度がなくなった会社」と同義である。そして「内部通報制度が機能しなくなった会社」はたくさん存在する。そのような会社についてスルガ銀行報告書は「改善の見込みはない」と指摘するが、私は復活の途はあると考えている。内部通報制度に新たな命を吹き込み機能する制度にすることについて、情熱を持った社員が残っていれば途はある。

気付くことが全ての始まりである。「当社の内部通報制度は機能している」などということを「点検整備簿」も持ち合わせていないのに言っていることからして大きな誤りなのである。

本書が「実質的に内部通報性がなくなり改善の見込みのなくなった会社」の復活の気付きとなることと、情熱をもってヴァージョンアップに取り組んでいる企業の信頼できるナヴィゲイターとなることを心から願う。

最後に、私事ながら令和元年は激動の年であった。まず2年前にロードレーサーで走行中の転倒事故で折れた大腿骨が癒合することなく壊死が始まり、令和元年の年初には人工関節置換手術が必要と診断されながら、仕事のスケジュールに空きがなく年末ギリギリまで手術が伸びたため、歩くたびに強烈な痛みと付き合わなければならない年になった。加えて、11月からは39度以上の不明熱がずっと続くことになるが、講演を含め全てのスケジュールを情熱をもってやり遂げた。不明熱の原因は結局従来からある「肺炎」であることが判明し、昨年暮れに予定していた手術は令和2年3月に延びることとなった。体調面だけからみると厄年だったのかもしれない。

そんな私を支え続けてくれたのはベートーヴェンであった。昨年4月にウィーンで聴いたウィーンフィルの交響曲第1番、第2番、前出のトリトンの交響曲第6番から私はとてつもない力を贈られた。そんな偉大な楽聖の生誕250年を祝す2020年に、健全な企業の成長とそこで働く人々の幸福を願う想いを込めた本書を上梓できることに感謝の気持ちは尽きない。

お墓の中のベートーヴェンだけでなく、本書の出版に向けて尽力いただいた生きている人たちにも感謝の気持ちを伝えたい。経済法令研究会の榊原雅文様、私がインスピレーションが湧いたときに、順序を無関係に書き溜めたものを（なにしろ「おわりに」を執筆初日に書いてしまう書き手である）、それらしい順番

226

に並べただけの原稿を、一冊の書籍の形に仕上げてくださったこと、本当にありがとうございます。

　コロナ禍で楽聖の生誕250周年など吹っ飛んでしまったが、人にとってとても大切な経済活動と芸術やスポーツ等の文化がかつての輝きを取り戻すことを心から祈っています。

令和2年7月　　　　　　　　　　　　　　　　　　　森原　憲司

（参考文献一覧）

浜田正晴「オリンパスの闇と闘い続けて」光文社、2012年

串岡弘昭「ホイッスルブローアー＝内部告発者 我が心に恥じるものなし」桂書房、2002年

加藤周一「羊の歌 わが回想」岩波書店、1968年

瀬木比呂志「民事訴訟実務と制度の焦点−実業家、研究者、法科大学院生と市民のために」判例タイムズ
　　社、2006年

瀬木比呂志「民事裁判入門 裁判官は何を見ているのか」講談社、2019年

中原健夫、結城大輔「公益通報者保護法が企業を変える−内部通報システムの戦略的構築と専門家の活
　　用」金融財政事情研究会、2005年

中原健夫、結城大輔「内部通報システムをつくろう−10の課題と111の対策」金融財政事情研究会、2006年

中原健夫、結城大輔、横瀬大輝「これからの内部通報システム」金融財政事情研究会、2017年

山口利昭「企業の価値を向上させる実効的な内部通報制度」経済産業調査会、2017年

國廣正「企業不祥事を防ぐ」日本経済新聞出版社、2019年

小林総合法律事務所編「詳説不正調査の法律問題」弘文堂、2011年

梅本弘編「実効性のある内部通報制度のしくみと運用 コンプライアンス経営の"切り札"」日本実業出
　　版社、2015年

阿部・井窪・片山法律事務所、石嵜・山中総合法律事務所編「内部通報・内部告発対応実務マニュア
　　ル リスク管理体制の構築と人事労務対応策Ｑ＆Ａ」民事法研究会、2017年

東京弁護士会公益通報者保護特別委員会編集「窓口担当者のための『消費者庁・内部通報処理新ガイ
　　ドライン』実務解説Ｑ＆Ａ」法律情報出版、2018年

村本博編「事例で学ぶパワハラ防止・対応の実務解説とＱ＆Ａ」労働新聞社、2019年

野原蓉子「パワハラ・セクハラ・マタハラ相談はこうして話を聴く こじらせない！職場ハラスメント
　　の対処法」経団連出版、2017年

向井蘭「管理職のためのハラスメント予防＆対応ブック トラブルを防ぐポイントを、まんがとイラス
　　トでわかりやすく」ダイヤモンド社、2020年

森原憲司「金融機関の反社取引出口対応 関係遮断の実際と手引」2014年、「苦情・クレーム対応とコン
　　プライアンス ＣＳ主義の実践」2009年、以上、経済法令研究会

伊藤詩織「Black Box」文藝春秋、2017年

中央労働災害防止協会「パワー・ハラスメントの実態に関する調査研究報告書」2005年

（資料1） ◀ 資料1をダウンロードできます。

「公益通報者保護法を踏まえた内部通報制度の整備・運用に関する民間事業者向けガイドライン」

平成 28 年 12 月 9 日　消費者庁

Ⅰ．内部通報制度の意義等

1．事業者における内部通報制度の意義

　　公益通報者保護法を踏まえ、事業者が実効性のある内部通報制度を整備・運用することは、組織の自浄作用の向上やコンプライアンス経営の推進に寄与し、消費者、取引先、従業員、株主・投資家、債権者、地域社会等を始めとするステークホルダーからの信頼獲得に資する等、企業価値の向上や事業者の持続的発展にもつながるものである。

　　また、内部通報制度を積極的に活用したリスク管理等を通じて、事業者が高品質で安全・安心な製品・サービスを提供していくことは、企業の社会的責任を果たし、社会経済全体の利益を確保する上でも重要な意義を有する。

2．経営トップの責務

　　公正で透明性の高い組織文化を育み、組織の自浄作用を健全に発揮させるためには、単に仕組みを整備するだけではなく、経営トップ自らが、経営幹部及び全ての従業員に向け、例えば、以下のような事項について、明確なメッセージを継続的に発信することが必要である。

- □ コンプライアンス経営推進における内部通報制度の意義・重要性
- □ 内部通報制度を活用した適切な通報は、リスクの早期発見や企業価値の向上に資する正当な職務行為であること
- □ 内部規程や公益通報者保護法の要件を満たす適切な通報を行った者に対する不利益な取扱いは決して許されないこと
- □ 通報に関する秘密保持を徹底するべきこと
- □ 利益追求と企業倫理が衝突した場合には企業倫理を優先するべきこと
- □ 上記の事項は企業の発展・存亡をも左右し得ること

3．本ガイドラインの目的と性格

　　本ガイドラインは、公益通報者保護法を踏まえて、事業者のコンプライアンス経営への取組を強化し、社会経済全体の利益を確保するために、事業者が自主的に取り組むことが推奨される事項を具体化・明確化し、従業員等からの法令違反等の早期発見・未然防止に資する通報を事業者内において適切に取り扱うための指針を示すものである。

　　なお、本ガイドラインは、各事業者において一層充実した通報対応の仕組みを整備・運用することや各事業者の規模や業種・業態等の実情に応じた適切な取組を行うことを妨げるものではない。

Ⅱ．内部通報制度の整備・運用

1．内部通報制度の整備

（1）通報対応の仕組みの整備

（仕組みの整備）

○ 通報の受付から調査・是正措置の実施及び再発防止策の策定までを適切に行うため、経営幹部を責任者とし、部署間横断的に通報を取り扱う仕組みを整備するとともに、これを適切に運用することが必要である。

　また、経営幹部の役割を内部規程等において明文化することが適当である。

（通報窓口の整備）

○ 通報窓口及び受付の方法を明確に定め、それらを経営幹部及び全ての従業員に対し、十分かつ継続的に周知することが必要である。

（通報窓口の拡充）

○ 通報窓口を設置する場合には、例えば、以下のような措置を講じ、経営上のリスクに係る情報を把握する機会の拡充に努めることが適当である。

- □ 法律事務所や民間の専門機関等に委託する（中小企業の場合には、何社かが共同して委託することも考えられる）等、事業者の外部に設置すること
- □ 労働組合を通報窓口として指定すること
- □ グループ企業共通の一元的な窓口を設置すること
- □ 事業者団体や同業者組合等の関係事業者共通の窓口を設置すること

○ また、対象としている通報内容や通報者の範囲、個人情報の保護の程度等を確認の上、必要に応じ、既存の通報窓口を充実させて活用することも可能である。

（関係事業者全体における実効性の向上）

○ 企業グループ全体やサプライチェーン等におけるコンプライアンス経営を推進するため、例えば、関係会社・取引先を含めた内部通報制度を整備することや、関係会社・取引先における内部通報制度の整備・運用状況

229

を定期的に確認・評価した上で、必要に応じ助言・支援をすること等が適当である。

（通報窓口の利用者等の範囲の拡充）

○ コンプライアンス経営を推進するとともに、経営上のリスクに係る情報の早期把握の機会を拡充するため、通報窓口の利用者及び通報対象となる事項の範囲については、例えば、以下のように幅広く設定することが適当である。

　□ 通報窓口の利用者の範囲：従業員（契約社員、パートタイマー、アルバイト、派遣社員等を含む）のほか、役員、子会社・取引先の従業員、退職者等

　□ 通報対象となる事項の範囲：法令違反のほか、内部規程違反等

（内部規程の整備）

○ 内部規程に通報対応の仕組みについて規定し、特に、通報者に対する解雇その他不利益な取扱いの禁止及び通報者の匿名性の確保の徹底に係る事項については、十分に明記することが必要である。

（２）経営幹部から独立性を有する通報ルート

○ コンプライアンス経営の徹底を図るため、通常の通報対応の仕組みのほか、例えば、社外取締役や監査役等への通報ルート等、経営幹部からも独立性を有する通報受付・調査是正の仕組みを整備することが適当である。

（３）利益相反関係の排除

○ 内部通報制度の信頼性及び実効性を確保するため、受付担当者、調査担当者その他通報対応に従事する者及び被通報者（その者が法令違反等を行った、行っている又は行おうとしていると通報された者をいう。以下同じ。）は、自らが関係する通報事案の調査・是正措置等に関与してはならない。

○ また、通報の受付や事実関係の調査等通報対応に係る業務を外部委託する場合には、中立性・公正性に疑義が生じるおそれ又は利益相反が生じるおそれがある法律事務所や民間の専門機関等の起用は避けることが必要である。

（４）安心して通報ができる環境の整備

（従業員の意見の反映等）

○ 内部通報制度の整備・運用に当たっては、従業員の意見・要望を反映したり、他の事業者の優良事例を参照したりする等、従業員が安心して通報・相談ができる実効性の高い仕組みを構築することが必要である。

（環境整備）

○ 経営上のリスクに係る情報が、可能な限り早期にかつ幅広く寄せられるようにするため、通報窓口の運用に当たっては、敷居が低く、利用しやすい環境を整備することが必要である。

○ 通報窓口の利用者の疑問や不安を解消するため、各事業者の通報の取扱いや通報者保護の仕組みに関する質問・相談に対応することが必要である。相談対応は事業者の実情に応じて、通報窓口において一元的に対応することも可能である。

○ 内部通報制度の運用実績（例えば、通報件数、対応結果等）の概要を、個人情報保護等に十分配慮しつつ従業員に開示することにより、制度の実効性に対する信頼性を高めることが必要である。

（仕組みの周知等）

○ 通報対応の仕組みやコンプライアンス経営の重要性のみならず、公益通報者保護法について、社内通達、社内報、電子メール、社内電子掲示板、携帯用カード等での広報の実施、定期的な研修の実施、説明会の開催等により、経営幹部及び全ての従業員に対し、十分かつ継続的に周知・研修をすることが必要である。同様に、本ガイドラインの内容について十分かつ継続的に周知・研修をすることが望ましい。

（透明性の高い職場環境の形成）

○ 実効性の高い内部通報制度を整備・運用するとともに、職場の管理者等（通報者等の直接又は間接の上司等）に相談や通報が行われた場合に適正に対応されるような透明性の高い職場環境を形成することが重要である。

○ 実効性の高い内部通報制度を整備・運用することは、組織内に適切な緊張感をもたらし、通常の報告・連絡・相談のルートを通じた自浄作用を機能させ、組織運営の健全化に資することを、経営幹部及び全ての従業員に十分に周知することが重要である。

２．通報の受付

（通報受領の通知）

○ 書面や電子メール等、通報者が通報の到達を確認できない方法によって通報がなされた場合には、速やかに通報者に対し、通報を受領した旨を通知することが望ましい。ただし、通報者が通知を望まない場合、匿名による通知であるため通報者への通知が困難である場合その他やむを得ない理由がある場合はこの限りでない（次項及びⅡ３（２）に規定する通知においても、同様とする。）。

（通報内容の検討）

○ 通報を受け付けた場合、調査が必要であるか否かについて、公正、公平かつ誠実に検討し、今後の対応について、通報者に通知するよう努めることが必要である。

３．調査・是正措置

（１）調査・是正措置の実効性の確保

（調査・是正措置のための体制整備）

○ 調査・是正措置の実効性を確保するため、担当部署には社内における調査権限と独立性を付与するとともに、必要な人員・予算等を与えることが必要である。

（調査への協力等）
○ 従業員等は、担当部署による調査に誠実に協力しなければならないこと、調査を妨害する行為はしてはならないこと等を、内部規程に明記することが必要である。

（是正措置と報告）
○ 調査の結果、法令違反等が明らかになった場合には、速やかに是正措置及び再発防止策を講じるとともに、必要に応じ関係者の社内処分を行う等、適切に対応することが必要である。また、さらに必要があれば、関係行政機関への報告等を行うことが必要である。

（第三者による検証・点検等）
○ 通報対応の状況について、中立・公正な第三者等による検証・点検等を行い、調査・是正措置の実効性を確保することが望ましい。

（担当者の配置・育成等）
○ 実効性の高い内部通報制度を運用するためには、通報者対応、調査、事実認定、是正措置、再発防止、適正手続の確保、情報管理、周知啓発等に係る担当者の誠実・公正な取組と知識・スキルの向上が重要であるため、必要な能力・適性を有する担当者を配置するとともに、十分な教育・研修を行うことが必要である。
○ 内部通報制度の運営を支える担当者の意欲・士気を発揚する人事考課を行う等、コンプライアンス経営推進に対する担当者の貢献を、積極的に評価することが適当である。

（2）調査・是正措置に係る通知

（調査に係る通知）
○ 調査の進捗状況について、被通報者や当該調査に協力した者（以下「調査協力者」という。）等の信用、名誉及びプライバシー等に配慮しつつ、適宜、通報者に通知するとともに、調査結果について可及的速やかに取りまとめ、通報者に対して、その調査結果を通知するよう努めることが必要である。

（是正措置に係る通知）
○ 是正措置の完了後、被通報者や調査協力者等の信用、名誉及びプライバシー等に配慮しつつ、速やかに通報者に対して、その是正結果を通知するよう努めることが必要である。

（通報者等に対する正当な評価）
○ 通報者や調査協力者（以下「通報者等」という。）の協力が、コンプライアンス経営の推進に寄与した場合には、通報者等に対して、例えば、経営トップ等からの感謝を伝えることにより、組織への貢献を正当に評価することが適当である。なお、その際には、窓口担当者を介して伝達する等、通報者等の匿名性の確保には十分に留意することが必要である。

Ⅲ．通報者等の保護

1．通報に係る秘密保持の徹底
（1）秘密保持の重要性
○ 通報者の所属・氏名等が職場内に漏れることは、それ自体が通報者に対する重大な不利益になり、ひいては通報を理由とする更なる不利益な取扱いにもつながるおそれがある。また、内部通報制度への信頼性を損ない、経営上のリスクに係る情報の把握が遅延する等の事態を招くおそれがある。
このため、以下のような措置を講じ、通報に係る秘密保持の徹底を図ることが重要である。
　□ 情報共有が許される範囲を必要最小限に限定する
　□ 通報者の所属・氏名等や当該事案が通報を端緒とするものであること等、通報者の特定につながり得る情報は、通報者の書面や電子メール等による明示の同意がない限り、情報共有が許される範囲外には開示しない
　□ 通報者の同意を取得する際には、開示する目的・範囲、氏名等を開示することによって生じ得る不利益について明確に説明する
　□ 何人も通報者を探索してはならないことを明確にする
　□ これらのことを、経営幹部及び全ての従業員に周知徹底する
○ なお、実効的な調査・是正措置を行うために、経営幹部や調査協力者等に対して通報者の特定につながり得る情報を伝達することが真に不可欠である場合には、通報者からの上記同意を取得することに加えて、
　□ 伝達する範囲を必要最小限に限定する
　□ 伝達する相手にはあらかじめ秘密保持を誓約させる
　□ 当該情報の漏えいは懲戒処分等の対象となる旨の注意喚起をする
　等の措置を講じることが必要である。

（2）外部窓口の活用

（外部窓口の整備）
○ 通報者の匿名性を確保するとともに、経営上のリスクに係る情報を把握する機会を拡充するため、可能な限り事業者の外部（例えば、法律事務所や民間の専門機関等）に通報窓口を整備することが適当である。

（外部窓口担当者の秘密保持）
○ 通報に係る秘密の保護を図るため、

□ 外部窓口担当者による秘密保持の徹底を明確にする
□ 通報者の特定につながり得る情報は、通報者の書面や電子メール等による明示の同意がない限り、事業者に対しても開示してはならないこととする
等の措置を講じることが必要である。
（外部窓口の評価・改善）
○ 外部窓口の信頼性や質を確保するため、外部窓口の運用状況について、
□ 中立・公正な第三者等による点検
□ 従業員への匿名のアンケート
等を定期的に行い、改善すべき事項の有無を把握した上で、必要な措置を講じることが望ましい。
（3）通報の受付における秘密保持
（個人情報の保護）
○ 通報の受付方法としては、電話、FAX、電子メール、ウェブサイト等、様々な手段が考えられるが、通報を受け付ける際には、専用回線を設ける、勤務時間外に個室や事業所外で面談する等の措置を適切に講じ、通報者の秘密を守ることが必要である。
○ また、例えば、以下のような措置を講じ、個人情報保護の徹底を図ることが必要である。
□ 通報事案に係る記録・資料を閲覧することが可能な者を必要最小限に限定する
□ 通報事案に係る記録・資料は施錠管理する
□ 関係者の固有名詞を仮称表記にする
○ なお、通報に係る情報を電磁的に管理している場合には、さらに、以下のような情報セキュリティ上の対策を講じ、個人情報保護の徹底を図ることが望ましい。
□ 当該情報を閲覧することが可能な者を必要最小限に限定する
□ 操作・閲覧履歴を記録する
（通報者本人による情報管理）
○ 通報者本人からの情報流出によって通報者が特定されることを防止するため、自身が通報者であること等に係る情報管理の重要性を、通報者本人にも十分に理解させることが望ましい。
（匿名通報の受付と実効性の確保）
○ 個人情報保護の徹底を図るとともに通報対応の実効性を確保するため、匿名の通報も受け付けることが必要である。その際、匿名の通報であっても、通報者と通報窓口担当者が双方向で情報伝達を行い得る仕組みを導入することが望ましい。
（4）調査実施における秘密保持
（調査と個人情報の保護）
○ 通報者等の秘密を守るため、調査の実施に当たっては、通報者等の特定につながり得る情報（通報者の所属・氏名等、通報者しか知り得ない情報、調査が通報を端緒とするものであること等）については、真に必要不可欠ではない限り、調査担当者にも情報共有を行わないようにする等、通報者等が特定されないよう、調査の方法に十分に配慮することが必要である。
○ 通報者等が特定されることを困難にするため、調査の端緒が通報であることを関係者に認識させないよう、例えば、以下のような工夫を講じることが必要である。
□ 定期監査と合わせて調査を行う
□ 抜き打ちの監査を装う
□ 該当部署以外の部署にもダミーの調査を行う
□ 核心部分ではなく周辺部分から調査を開始する
□ 組織内のコンプライアンスの状況に関する匿名のアンケートを、全ての従業員を対象に定期的に行う

2．解雇その他不利益な取扱いの禁止
（解雇その他不利益な取扱いの禁止）
○ 内部規程や公益通報者保護法の要件を満たす通報や通報を端緒とする調査に協力（以下「通報等」という。）をしたことを理由として、通報者等に対し、解雇その他不利益な取扱いをしてはならない。
○ 前項に規定するその他不利益な取扱いの内容としては、具体的には、以下のようなものが考えられる。
□ 従業員たる地位の得喪に関すること（退職願の提出の強要、労働契約の更新拒否、本採用・再採用の拒否、休職等）
□ 人事上の取扱いに関すること（降格、不利益な配転・出向・転籍・長期出張等の命令、昇進・昇格における不利益な取扱い、懲戒処分等）
□ 経済待遇上の取扱いに関すること（減給その他給与・一時金・退職金等における不利益な取扱い、損害賠償請求等）
□ 精神上生活上の取扱いに関すること（事実上の嫌がらせ等）
○ 通報等をしたことを理由として、通報者等が解雇その他不利益な取扱いを受けたことが判明した場合、適切な救済・回復の措置を講じることが必要である。
（違反者に対する措置）
○ 通報等をしたことを理由として解雇その他不利益な取扱いを行った者に対しては、懲戒処分その他適切な措

置を講じることが必要である。
また、通報等に関する秘密を漏らした者及び知り得た個人情報の内容をみだりに他人に知らせ、又は不当な目的に利用した者についても同様とすることが必要である。

（予防措置）
○ 被通報者が、通報者等の存在を知り得る場合には、被通報者が通報者等に対して解雇その他不利益な取扱いを行うことがないよう、被通報者に対して、上記事項に関する注意喚起をする等の措置を講じ、通報者等の保護の徹底を図ることが必要である。

3．自主的に通報を行った者に対する処分等の減免
○ 法令違反等に係る情報を可及的速やかに把握し、コンプライアンス経営の推進を図るため、法令違反等に関与した者が、自主的な通報や調査協力をする等、問題の早期発見・解決に協力した場合には、例えば、その状況に応じて、当該者に対する懲戒処分等を減免することができる仕組みを整備することも考えられる。

Ⅳ．評価・改善等

1．フォローアップ
（通報者等に係るフォローアップ）
○ 通報者等に対し、通報等を行ったことを理由とした解雇その他不利益な取扱いが行われていないか等を確認する等、通報者等の保護に係る十分なフォローアップを行うことが必要である。その結果、解雇その他不利益な取扱いが認められる場合には、経営幹部が責任を持って救済・回復するための適切な措置を講じることが必要である。

（是正措置に係るフォローアップ）
○ 是正措置等の終了後、法令違反等が再発していないか、是正措置及び再発防止策が十分に機能しているかを確認するとともに、必要に応じ、通報対応の仕組みを改善することや、新たな是正措置及び再発防止策を講じることが必要である。

（グループ企業等に係るフォローアップ）
○ 関係会社・取引先からの通報を受け付けている場合において、通報者等が当該関係会社・取引先の従業員である場合には、通報に係る秘密保持に十分配慮しつつ、可能な範囲で、当該関係会社・取引先に対して、通報者等へのフォローアップや保護を要請する等、当該関係会社・取引先において通報者等が解雇その他不利益な取扱いを受けないよう、必要な措置を講じることが望ましい。
また、当該関係会社・取引先に対して、是正措置及び再発防止策が十分に機能しているかを確認する等、必要な措置を講じることが望ましい。

2．内部通報制度の評価・改善
（評価・改善）
○ 内部通報制度の実効性を向上させるため、例えば、
　　□ 整備・運用の状況・実績
　　□ 周知・研修の効果
　　□ 従業員等の制度への信頼度
　　□ 本ガイドラインに準拠していない事項がある場合にはその理由
　　□ 今後の課題
等について、内部監査や中立・公正な第三者等を活用した客観的な評価・点検を定期的に実施し、その結果を踏まえ、経営幹部の責任の下で、制度を継続的に改善していくことが必要である。

（ステークホルダーへの情報提供）
○ 各事業者における内部通報制度の実効性の程度は、自浄作用の発揮を通じた企業価値の維持・向上にも関わるものであり、消費者、取引先、従業員、株主・投資家、債権者、地域社会等のステークホルダーにとっても重要な情報であるため、内部通報制度の評価・点検の結果を、ＣＳＲ報告書やウェブサイト等において積極的にアピールしていくことが適当である。

◀ 資料 2 をダウンロードできます。

内部通報制度認証（WCMS 認証）「自己適合宣言登録制度」審査項目について【森原ポイント付】

		審査項目	森原ポイント 内容
1	必須	内部通報制度の意義・目的の明確化	自浄作用（早期発見・早期是正） 内部通報制度の根本的な意義・目的を組織として明確にすることにより、経営上のリスクに係る情報を、従業員等から可及的早期に受信して、企業価値の維持を図るための基本的な環境を整備すること。 信頼に足る調査システム構築　安心して利用できる通報システム
2	必須	経営トップによるメッセージの発信	経営上のリスクに係る情報を、従業員等から可及的早期に受信して企業価値の維持・向上を図るためには、従業員等が安心して内部通報制度を利用できる環境を確保する必要があるが、そのために、コンプライアンス経営推進における内部通報制度の意義・重要性等に対する経営トップの本気度を従業員等に明確に示すこと。 研修等に先立つトップのスピーチ　トップのスピーチの映像配信（対談等）　文書によるトップメッセージ（職員向けトリセツの巻頭言等）
3	必須	経営トップの責務及び役割の明確化	内部通報制度の実効性の確保は、経営トップが担うべき経営上の重要課題であることを明確にすることによって、従業員等からの信頼を確保し、経営上のリスクに係る情報を可及的早期に把握する可能性を高めること。 安心して利用できる信頼に足るシステム構築
4	必須	通報窓口の整備及び利用方法の明確化	従業員等が安心して内部通報制度を利用できる環境を整備するため、内部通報制度の利用方法を文書で明確にすること。　トリセツ配布
5		通報窓口の利用しやすさの向上	利用者にとって使い勝手が良く、かつ安心して利用できる信頼性の高い通報窓口を整備することによって、経営上のリスクに係る情報を可及的早期に把握する可能性を高めること。　窓口の信頼性向上。実は上記 4 より重要かも
6	必須	通報窓口利用者・通報対象事項の範囲等の設定	取引先まで含めるか、通報レベルでない相談レベルまで含めるか、今後の課題はこの仕組みの浸透 通報窓口の利用者の範囲及び通報対象となる事項の範囲等を合理的に設定し、経営上のリスクに係る情報を可及的早期に把握する可能性を高めること。
7	必須	内部規程の整備	一定の方針に基づく統一的、安定的、継続的かつ適切な内部通報制度の整備・運用を確保するための規程を整備することによって、従業員等からの信頼を確保し、経営上のリスクに係る情報を可及的早期に把握する可能性を高めること。 規定ありきではなく、どういう内部通報制度を創りたいかが重要
8		経営幹部から独立性を有する通報受付及び調査・是正の仕組みの整備	たとえ経営幹部に係る通報であっても、適切に調査・是正等の対応がなされ自浄作用が発揮される仕組みを整備することによって、従業員等からの信頼を高め、もって不正の未然防止、リスクの早期発見及び企業価値の維持・向上を図ること。 もともと経営幹部から独立した仕組みとすれば解決できる課題
9	必須	通報対応における利益相反関係の排除	通報対応における利益相反関係を排除する（受付担当者、調査担当者その他通報対応に従事する者及び被通報者（その者が法令違反等を行った、行っている又は行おうとしていると通報された者をいう。以下同じ。）は、自らが関係する通報事案の調査・是正措置等に関与してはならないことを明らかにする）ことによって、内部通報制度に対する従業員等の信頼を高め、リスク情報を従業員等から可及的早期に受信する可能性を高めること。 ルール化するだけ

		通報対応に係る業務を外部委託する場合における中立性・公正性等の確保	通報対応における中立性・公正性等を確保し、内部通報制度に対する従業員等の信頼を高め、リスク情報を従業員等から可及的早期に受信する可能性を高めること。
10			顧問弁護士以外の弁護士を使う
11		内部通報制度に対する従業員の意見の把握	従業員等の意見等を可能な限り把握すること等により、内部通報制度に対する従業員等の信頼を高め、リスク情報を従業員等から可及的早期に受信する可能性を高めること。 マッチベター事項だけど重要。アンケートは必須
12	必須	通報対応に関する質問・相談への対応	通報の取扱いや通報者保護の仕組み等に関する質問・相談に対応することにより、通報窓口利用者の疑問や不安を解消し、経営上のリスクに係る情報を、従業員等から可及的早期に受信するための環境を整備すること。
13		内部通報制度の運用実績を用いた信頼性の向上	内部通報制度が現実に機能していること等を、従業員等に対しエビデンスと共に示すことによって、内部通報制度の利用に対する不安を軽減し、リスク情報を従業員等から可及的早期に受信する可能性を高めること。 多くの企業で未整備、しかしトライする価値あり
14	必須	内部通報制度の実効的な運用のために必要な事項の周知・研修	経営幹部を含む全ての役職員が、内部通報制度のコンプライアンス経営推進における意義・重要性、関連法令の趣旨、通報者保護の重要性、秘密保持徹底の重要性等を正確に理解していることは、リスク情報を従業員等から可及的早期に受信するための環境整備の大前提となるため、また、制度趣旨を誤解した不適切な通報等の防止にも資することから、経営幹部を含む全ての役職員に対して十分かつ継続的な周知・研修をすることによって制度の実効性を高めること。 弁護士がマインドの説明を行い、担当者がルールの説明を行うのが効果的
15		経営トップが内部通報制度に関する理解を深めるための機会の確保	経営トップによるメッセージに対する従業員等からの真の信頼を獲得するためには、経営トップ自身がコンプライアンス経営推進における内部通報制度の意義・重要性、関連法令の趣旨、通報者保護及び秘密保持徹底の重要性等を真に理解している必要があることから、そのために必要な措置を講じること。 弁護士による役員研修の実施
16	必須	通報者等への通知	通報が到達したかどうか及び到達後に通報がどのように取り扱われているのか等が通報者にとって不明瞭な場合には、内部通報制度への信頼を損ない行政機関や報道機関等への通報に発展する可能性が高いこと等に鑑み、通報受付から調査・是正に至るまでの一連の通報対応の段階ごとに適切に通知に関する取組を行うことによって、内部通報制度に対する 従業員等の信頼を高めること。 受領通知＋スケジュール説明
17	必須	通報受付や調査・是正等のために必要な体制の確保	通報受付や調査・是正等が適切行われない場合には、消費者の安全・安心、ステークホルダーからの信頼や企業 価値を損なうおそれがあること、また、内部通報制度への信頼を損ない行政機関や報道機関等への通報にも発展する可能性があること等に鑑み、通報受付や調査・是正等の担当部署に対し必要な体制（例：権限、独立性、人員、予算等）を付与し、その実効性を確保すること。 ルール化は簡単。しかしここが制度の心臓部 （聴取能力・調査能力・評価能力）
18	必須	調査協力の確保及び調査妨害の防止	実効的な調査・是正が実施されない場合には、内部通報制度は機能せず、従業員等からの信頼を損なうことから、調査協力の確保及び調査妨害の防止を図ること。 就業規則化も有効な方法
19	必須	調査結果を踏まえた是正措置等の実施	調査結果を踏まえ、迅速かつ適切に、是正措置、再発防止策及び必要な処分等を行うことにより、内部通報制度に対する従業員等の信頼を高めること。 過去の問題の精算（懲罰等）と将来に向けた再発防止

20	必須	内部通報制度の運用担当者に対する教育・研修	内部通報制度の実効的な運用を確保し、従業員等からの制度への信頼を高め、企業価値の維持・向上を図るためには、制度を担う担当者の役割が非常に重要であることから、担当者への十分かつ継続的な教育・研修を行うこと。
21		内部通報制度の運用担当者による貢献の評価	内部通報制度の実効的な運用を確保し、従業員等からの制度への信頼を高め、企業価値の維持・向上を図るためには、制度を担う担当者の役割が非常に重要であることから、担当者の顕著な貢献が認められた場合には、必要に応じ積極的に評価することによって（既存の人事評価制度 や社員表彰制度等を用いることも考えられる）、担当者の意欲・士気の発揚を図り、もって内部通報制度の質の向上を図るとともに、内部通報制度の意義・重要性等に対する経営トップ等の本気度を従業員等に明確に示すこと。
22		通報者・調査協力者による貢献の評価	通報者・調査協力者による企業価値の維持・向上やコンプライアンス経営の推進に対する貢献を、必要に応じて、積極的に評価することによって（既存の人事評価制度や社員表彰制度等を用いることも考えられる）、内部通報制度を活用した適切な通報は、リスクの早期発見や企業価値の向上に資する正当な職務行為であることに関する経営トップ等の本気度を従業員等に明確に示し、もって内部通報制度に対する従業員等の信頼を高めること。
23	必須	通報に係る秘密保持の徹底	通報に係る秘密保持の徹底通報者等の所属・氏名等をはじめとする通報に係る秘密保持の徹底を図るために必要な各種の措置を講じることにより、内部通報制度に対する従業員等の信頼を高めること。
24		外部窓口の信頼性の確保	（外部窓口を利用する場合において）外部窓口に対する従業員等の信頼を高め、経営上のリスクに係る情報を可及的早期に把握する可能性を高めること。
25	必須	通報に係る記録・資料の適切な管理の確保	通報事案に係る記録・資料（電磁的記録を含む）を適切に管理し、秘密保持の徹底を図ることで、内部通報制度に対する従業員等の信頼を高めること。
26		通報者本人による適切な情報管理の確保	通報者本人が周囲に伝えた情報が原因となって通報者が特定されたり、通報に係るその他の情報が漏れることを防止するための措置（例:注意喚起や周知）を行うことによって、秘密保持の徹底を図り、内部通報制度に対する従業員等の信頼性を高めること。
27	必須	調査実施における秘密保持	調査の過程で通報者が特定されたり、その他の情報が漏れる可能性が高いことに鑑み、特に、調査実施の際における秘密保持を徹底するために必要な措置を講じることによって、内部通報制度に対する 従 業員等の信頼を高めること。
28	必須	通報者等に対する不利益取扱いの禁止	通報者及び調査協力者の保護の徹底を図り（例：内部規程や公益通報者保護法の要件を満たす通報や調査に協力をしたことを理由として、通報者や協力者に対し、解雇その他不利益な取扱いをしてはならないこと等）、内部通報制度に対する従業員等の信頼を高めることによって、経営上のリスクに係る情報を可及的早期に把握する可能性を高めること。
29		禁止される不利益取扱いの類型の具体化	禁止される不利益取扱いの類型の例を具体的に明らかにすることにより、不利益取扱いを抑止し、内部通報制度に対する従業員等の信頼を高めること。
30	必須	不利益取扱いが判明した場合の救済・回復措置	通報等をしたことを理由とする不利益取扱いが判明した場合に、経営幹部が責任を持って適切な救済・回復措置を講じることによって、内部通報制度に対する従業員等の信頼を高めること。

多くの企業が未着手。しかし価値ある取組み

多くの企業が未着手。しかし価値ある取組み。上記21よりむしろ重要

ルール化と徹底。ペナルティを付すことも要検討

外部窓口担当者のスピーチ

ルール化と徹底

通報受理時の必須伝達事項を予め定めておく

ルール化と徹底。ペナルティを付すことも要検討

ルール化と徹底。ペナルティを付すことも要検討

マッチベター事項だが重要

ガイドライン上役員の責任と位置付けられている。ルール化と徹底

31	必須	通報者等に対し不利益取扱いを行った者に対する措置	通報者等に対し不利益取扱いを行った者に対し、懲戒処分その他適切な措置を講じることで、内部通報制度に対する従業員等の信頼を高めること。

就業規則化も有効な方法

32	必須	通報等に関する秘密を漏らした者に対する措置	通報等に関する秘密を漏らした者及び知り得た個人情報の内容をみだりに他人に知らせ、又は不当な目的に利用した者に対し、懲戒処分その他適切な措置を講じることで、内部通報制度に対する従業員等の信頼を高めること。

就業規則化も有効な方法

33	必須	被通報者による不利益取扱いの防止	被通報者（その者が法令違反等を行った、行っている又は行おうとしていると通報された者をいう）に対し、必要に応じ注意喚起等の適切な措置を講じることより、被通報者による通報者等の探索や不利益な取扱い等を防止し、通報者等の保護を図り、内部通報制度に対する従業員等の信頼を高めること。

聴取開始時の誓約書の取得

34		法令違反等に関与した者による問題の早期発見・解決への協力の促進	一般に、法令違反等に関与した者自身が、最もその問題の早期解決に資する情報を持っていると考えられ、当該者による協力（例：自主的な通報や調査協力等）を促す為の措置を講じることによって、問題の早期発見・早期是正を図り、企業価値の維持・向上を図ること。

連邦量刑ガイドラインの自己申告に対する評価を参考に制度化

35	必須	通報者等の保護のためのフォローアップ	通報者等に対し適切なフォローアップ（例：不利益取扱いが行われていないかを確認したり、不利益取扱いが認められる場合に必要な救済・回復を行う等）を実施することにより、通報者及び調査協力者の保護の徹底を図り、内部通報制度に対する従業員等の信頼を高めること。

通報初期のこまめなフォローアップが必要

36	必須	是正措置及び再発防止策のフォローアップ	是正措置等に係る適切なフォローアップ（例：個々の是正措置及び再発防止策が機能しているかを事後的に確認し、確認結果に基づき必要に応じ適切な措置を講じること等）を行うことにより、内部通報制度に対する従業員等の信頼を高めるとともに、企業価値の維持・向上を図ること。

ケースバイケースの対応をする

37		内部通報制度の整備・運用状況等のステークホルダーへの情報提供	内部通報制度の整備・運用状況、評価・改善の結果等を示すことによって、従業員等を含むステークホルダーからの信頼を高め、企業価値の維持・向上を図ること。

38	必須	欠格事由：認証制度に関する違反等の状況	ア）過去2年以内に本認証制度の登録等を取り消されたことがないこと。 イ）過去2年以内に本認証制度のマーク等の不正使用がないこと。 ウ）反社会的勢力と関係を有しないこと。 エ）その他認証取得を不適当と認める問題がないこと。

【著者略歴】

森原　憲司（もりはら　けんじ）

1992年10月	司法試験合格1993年4月司法研修所入所（47期　修習地東京）
1995年4月	弁護士登録（東京弁護士会所属）虎門中央法律事務所入所
2000年9月〜	アフラック企業内弁護士（2001年4月から法務部長、2005年9月退社まで）
同年6月〜	日本弁護士連合会民事介入暴力対策委員会委員（2007年6月まで）
2004年4月〜	早稲田大学21世紀ＣＯＥ《企業法制と法創造》総合研究所学外研究員（2005年3月まで）
2005年10月〜	森原憲司法律事務所開設
2006年6月〜	日本弁護士連合会国際刑事立法対策委員会（2007年6月まで）
2006年7月〜	東証2部上場企業第三者コンプライアンス委員会委員（2007年6月まで）
2009年4月〜	東京弁護士会弁護士業務妨害対策特別委員会副委員長（2011年10月まで）
2010年10月	日本ＣＳＲ普及協会会員

○主著

『反社会的勢力対策とコンプライアンス　ＣＳＲ主義の実践』『苦情・クレーム対応とコンプライアンス　ＣＳ主義の実践』『金融機関の反社取引出口対応　関係遮断の実際と手引き』（以上、経済法令研究会）、『営業店の反社取引・マネロン防止対策ハンドブック』（共著、銀行研修社）

内部通報制度調査担当者　必携

2020年9月4日　第1刷発行

著　　者　　森　原　憲　司
発　行　者　　志　茂　満　仁
発　行　所　　㈱経済法令研究会

〒162-8421　東京都新宿区市谷本村町3-21
電話 代表 03-3267-4811 制作 03-3267-4823
https://www.khk.co.jp/

〈検印省略〉

営業所／東京03(3267)4812　大阪06(6261)2911　名古屋052(332)3511　福岡092(411)0805

装丁・DTPデザイン／田中真琴　制作／小林朋恵　印刷／日本ハイコム㈱　製本／㈱ブックアート

© Kenji Morihara 2020　Printed in Japan　　　　　　　　　　　ISBN978-4-7668-2455-1

☆　本書の内容等に関する追加情報および訂正等について　☆
本書の内容等につき発行後に追加情報のお知らせおよび誤記の訂正等の必要が生じた場合には、当社ホームページに掲載いたします。
（ホームページ 書籍・DVD・定期刊行誌 メニュー下部の 追補・正誤表 ）

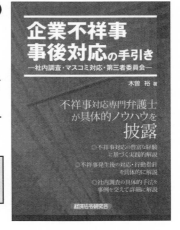